한양 한국어

4-1

KB261402

발간사

한국어는 전 세계 가장 아름다운 언어 중 하나이며 8천 만 인구가 사용하고 있는 언어입니다. 최근 한국의 대중문화, 엔터테인먼트, TV 드라마 및 영화의 인기로 인해 제2 언어로서의 한국어 교육 수요가 급증하였습니다. 그렇지만 한국어는 외국인이 배우기에 가장 어려운 언어 중의 하나이기도 합니다. 따라서 한국어를 배우고 싶어 하는 외국인과 재외 동포를 위하여 좀 더 쉽게 한국어를 습득할 수 있도록 하기 위해 〈한양 한국어 4〉를 발간하게 되었습니다.

〈한양 한국어 4〉는 국제 통용 한국어 표준 교육 과정 4급에 맞추어 학습자들이 비교적 친숙한 사회적 소재와 자신의 관심 분야에 대해 정확하게 의사 표현을 할 수 있도록 구성하였습니다. 또한 공식적인 상황에서도 업무 처리를 할 수 있는 기능을 익히도록 교재를 편성하였습니다. 총 12단원으로 이루어져 있으며 한 단원은 3일에 걸쳐 학습할 수 있도록 구성하였습니다. 제1일과 제2일에는 주제 관련 표현과 기본 대화를 익힘으로써 기본적인 의사소통 능력을 기를 수 있도록 하였고, 제3일에는 주제에 맞춰 듣기, 말하기, 읽기, 쓰기 등의 통합 과제 활동을 해 보도록 구성하였습니다.

모국어가 아닌 언어를 배우기 위해서는 많은 시간을 투자해야 합니다. 특히 문화권이 다른 언어인 경우 문화, 예절, 생활 습관의 차이로 더욱 어려움을 느끼고 중도 포기하는 사례가 많습니다. 이에 〈한양 한국어 4〉를 집필하면서 학습자들이 한국어 및 한국 문화에 대해 많이 알고 친숙해지도록 하기 위해 노력하였습니다. 좀 더 많은 외국인과 재외 동포들이 이 교재를 통해 한국어와 한글의 아름다움을 즐길 수 있게 되길 바랍니다.

끝으로 〈한양 한국어 4〉를 집필해 주신 이영숙 교수님, 조자현 교수님, 우주희 교수님, 김진만 교수님께 감사드립니다.

2021년 5월 31일
한양대학교 국제교육원장
교수 윤종승

일러두기

〈한양 한국어 4〉는 한국어 표준 교육 과정 가운데 4단계에 해당하는 교육 과정을 기반으로 총 200시간(주 5회, 총 10주)에 맞게 교육 내용을 구성하였으며, 하나의 대단원은 3일에 수업할 수 있도록 구성하였다. 그리고 각 단원은 4단계 학습자에게 유용한 주제와 기능을 선정하고 하위에 3개의 소단원을 두어 주제와 관련된, 어휘, 문법, 대화, 활동 등으로 구성하였으며, 각 대단원의 마지막 단원에서는 주제와 관련된 다양한 활동을 해 볼 수 있도록 하였다.

각 단원의 세부적인 구성은 다음과 같다.

대단원 도입

대단원의 학습 목표와 함께 주제와 관련된 사진을 제시하여 단원에 대한 학습자들의 이해와 흥미를 돕도록 하였다. 특히 QR 코드를 제공하여 학습자들이 교재에 쉽게 접근하여 한국어 모국어 화자들의 발음과 억양을 반복하여 들을 수 있도록 도움을 주었다.

소단원 도입

소단원의 주제, 기능과 관련된 실물 자료나 삽화를 활용하여 학습자의 배경 지식을 활성화하도록 하였다. 특히 제시된 자료와 관련된 도입 질문을 통해 학습자의 동기 유발을 이끌어 내도록 하였다.

어휘

주제와 관련된 어휘를 의미장으로 분류하여 사진이나 삽화로 제시함으로써 학습자의 이해를 돕고자 하였으며, 학습자들이 배운 어휘와 표현을 실제 사용할 수 있는 유의미한 연습을 두었다.

문법

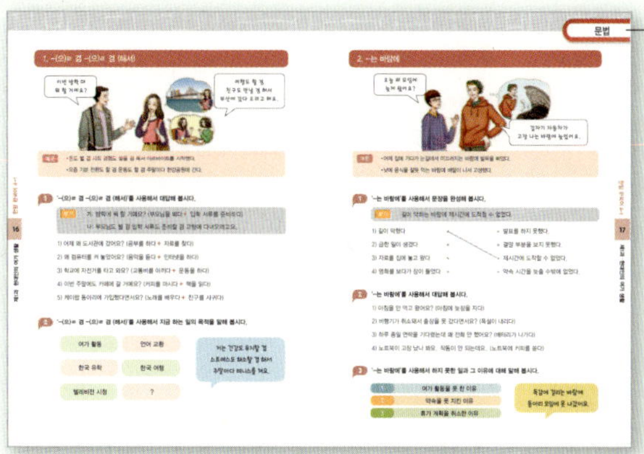

해당 단원의 주제와 기능에 보다 적합한 문법을 선정하여 의사소통 능력을 기르기 위한 문법 학습이 되도록 하였다. 자연스러운 한 쌍의 대화와 함께 관련 삽화를 제시함으로써 이해를 돕도록 하였으며, 간단한 응답 연습에 이어 유의미한 연습을 두어 배운 문법을 사용해 보도록 하였다.

대화

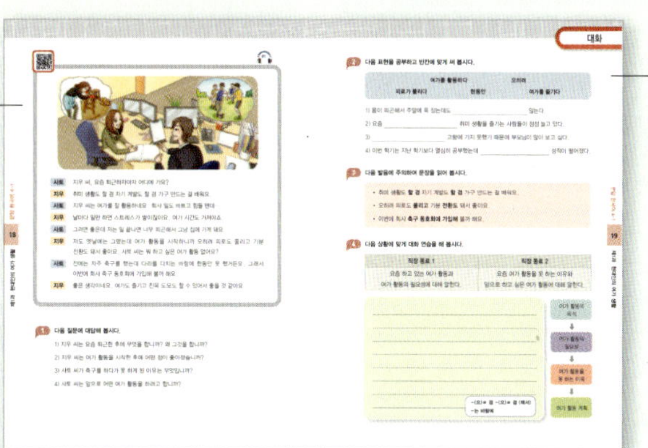

앞부분에서 배운 어휘와 문법으로 4쌍의 모범 대화문을 구성하여 실제 상황에서 어떻게 대화가 이루어지는지를 보이고자 하였다. 한편 대화문은 녹음 자료를 QR코드로 제공하여 혼자서 반복 연습을 할 수 있도록 하였다.

대화 연습

모범 대화문을 충분히 연습한 후 제시된 내용과 상황에 맞추어 반 친구와 함께 대화를 새롭게 만들어 보도록 하였다.

말하기

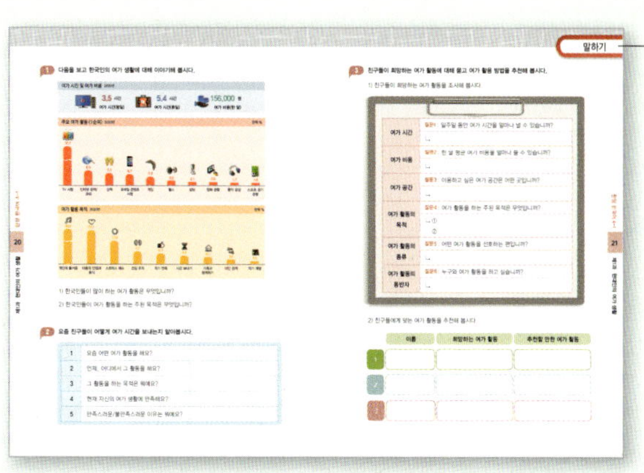

소단원마다 주제와 기능에 맞는 말하기 활동을 두어 학습자들의 내적 지식을 이끌어 내어 반 친구들과 다양한 말하기 활동을 해 보도록 하였다.

듣고 말하기

듣고 말하기에서는 보다 실제성을
담은 담화를 중심으로 대화, 인터뷰,
다큐멘터리, 강연 등 다양한 듣기 담화를
듣고 한국어 듣기 능력을 향상하도록
하였다. 듣기 전 단계에서는 스키마
활성화를 위한 도입 질문을 하고,
들은 후에는 내용 이해를 확인하고
관련 내용으로 말하기 연계 활동이
이루어지도록 하였다. 듣기 녹음 자료는
QR코드로 제공하여 혼자서 반복 연습을
할 수 있도록 하였다.

읽고 쓰기

공적인 소재를 담은 설명문, 논설문,
기사문, 문학 작품 등을 제시하여 산문
읽기 활동이 이루어지도록 하였다. 읽기 전
단계에서는 스키마 활성화를 위해 자료와
함께 도입 질문을 하고, 글을 읽은 후에는
내용 이해를 확인하고 관련 내용으로 쓰기
연계 활동이 이루어지도록 하였다. 특히
쓰기는 주어진 주제와 소재로 워크북에 써
보도록 하였다.

부록 부록에서는 어휘 목록, 문법 설명을 단원별로 정리하였고, 듣기 지문과 모범 답안, 어휘 색인, 문법
색인을 붙여 두어 학습자들의 자가 학습과 확인 학습에 도움을 주었다.

〈한양 한국어 4〉의 특징

〈한양 한국어 4〉는 외국인과 재외 동포를 위한 한국어 통합 교재이다. 이 책은 한국어 표준 교육
과정의 3단계를 마친 학습자들이 자신의 관심 분야는 물론 비교적 친숙한 사회적 소재에 대해
의사소통할 수 있는 능력을 체계적으로 학습하여 실생활에 활용해 볼 수 있도록 구성하였다.

차례

교재 구성표

단원	대주제	소주제	어휘와 표현	문법	활동
1과	현대인의 여가 생활	여가 활동의 목적	① 여가 ② 여가 활동의 목적	① -(으)ㄹ 겸 -(으)ㄹ 겸 (해서) ② -는 바람에	① 여가 활동 추천하기 ② 여가 활동 계획하기 ③ 여가 친화 기업에 대해 듣고 말하기 ④ 가족 캠핑에 대한 글 읽고 쓰기
		여가 활동의 유형	③ 여가 문화 발달 요인 ④ 여가 활동의 유형	③ -고 보니(까) ④ -는 대로	
2과	음식과 요리	맛과 요리 방법	① 조리 방법 ② 양념과 맛	① 에다가 ② -고 나면	① 요리 방법 설명하기 ② 나라별 식사 예절 비교하기 ③ 여러 가지 음식과 요리 방법에 대해 듣고 말하기 ④ 한국인의 간식에 대한 글 읽고 쓰기
		식사 예절	③ 식사 방식 ④ 요리 관련 관용어	③ -(으)ㄹ까 봐 ④ -(으)ㄴ/는걸요	
3과	직장 생활	취업 목표와 준비	① 성격 유형 ② 직업관	① -(으)ㄹ 바에야 ② -아/어야	① 취업 모의 면접 해 보기 ② 좋은 직장에 대한 의견 말하기 ③ 평생직장에 대해 듣고 말하기 ④ 한국 직장 문화에 대한 글 읽고 쓰기
		직장인이 바라는 회사 생활	③ 직장 업무 ④ 부서 및 직위	③ -더라도 ④ -다(가) 보면	
4과	한국의 명소	테마별 명소	① 주제별 명소 ② 명소의 특징	① 치고 ② -기로는	① 주제별 명소 추천하기 ② 각국의 세계문화유산 소개하기 ③ 명소와 문화 유적지에 대해 듣고 말하기 ④ 주요 도시에 대한 글 읽고 쓰기
		문화 유적과 국가유산	③ 국가유산의 유형 ④ 국가유산 보존	③ -던 ④ -는 김에	
5과	인간관계	인간관계의 유형	① 인간관계 종류 ② 인간관계 형성 및 유지	① -기 마련이다 ② -(으)ㄴ/는 척하다	① 인간관계를 잘 맺는 방법 이야기하기 ② 인간관계 갈등 경험 이야기하기 ③ 소통의 기술에 대해 듣고 말하기 ④ 인간관계에 대한 상담 사례 읽고 쓰기
		인간관계와 갈등	③ 인간관계에서의 행동 ④ 인간관계에서의 감정	③ -더니 ④ -(ㄴ/는)다고 치다	
6과	재미있는 한국어	의성어와 의태어	① 의성어 ② 의태어	① -던데요 ② -는 통에	① 의성어와 의태어를 넣어 이야기 만들기 ② 속담과 관용어의 의미 설명하기 ③ 속담의 유래에 대해 듣고 말하기 ④ 전래 동화 읽고 쓰기
		속담과 관용어	③ 속담 ④ 관용어	③ -(ㄴ/는)다고 하더니 ④ -았/었던	

단원	대주제	소주제	어휘와 표현	문법	활동
7과	스마트 시대	스마트 시대 속 일상	① 스마트 기기와 기술 ② 스마트 기기의 이용	① -다시피 ② -기엔 - 지 않아요?	① 스마트 시대의 미래 생활 예측하기 ② SNS의 편리함과 부작용에 대해 토의하기 ③ 자율 주행 자동차에 대해 듣고 말하기 ④ 인공 지능 면접에 대한 글 읽고 쓰기
		스마트 시대의 빛과 그림자	③ 스마트 시대의 긍정적 변화 ④ 스마트 시대의 부작용	③ -았/었더니 ④ -(으)ㄹ 수도 있다	
8과	한국의 전통 명절	명절의 종류와 풍습	① 여러 가지 명절 ② 명절 풍습	① -(으)랴 -(으)랴 ② 얼마나 -(으)ㄴ/는지 모르다	① 각국의 명절 소개하기 ② 명절 관련 민간 신앙 소개하기 ③ 명절 풍습 변화에 대해 듣고 말하기 ④ 전통 명절에 대한 글 읽고 쓰기
		전통 명절과 민간 신앙	③ 민간 신앙 (미신, 금기) ④ 명절 풍습의 변화	③ -아/어 봤자 ④ -느니 (차라리)	
9과	역사 속의 인물	한국 역사 속의 인물	① 역사 시대 구분 ② 역사 인물의 업적	① -다(가) 보니(까) ② (이)야말로	① 자기 나라의 역사 인물 소개하기 ② 역사 인물의 일화 발표하기 ③ 역사 인물의 삶과 업적에 대해 듣고 말하기 ④ 인생의 롤 모델에 대한 글 읽고 쓰기
		세계 역사 속의 인물	③ 역사 인물의 유형 ④ 역사 인물의 특성	③ -(으)로 보아서는 ④ 은/는커녕	
10과	소비와 절약	소비 생활	① 생활비 ② 소비 습관	① -곤 하다 ② -(으)면서도	① 한 달 지출 계획 발표하기 ② 돈을 절약하는 방법에 대해 말하기 ③ 충동구매에 대해 듣고 말하기 ④ 지혜롭게 부자가 된 인물에 대한 글 읽고 쓰기
		절약 생활	③ 절약 ④ 소비 성향	③ -(으)려던 참이다 ④ -기만 하면	
11과	사건과 사고	범죄 사건과 대책	① 사건 원인 및 유형 ② 사건 발생 및 처리	① 에 따르면 ② -(으)ㄴ/는 만큼	① 사건 목격자 인터뷰하기 ② 119 신고 전화하기 ③ 청소년 범죄에 대해 듣고 말하기 ④ 사건·사고에 대한 글 읽고 쓰기
		사고와 예방	③ 재난·재해 원인 및 유형 ④ 사고 발생 및 처리	③ -(으)로 인해 ④ -(으)ㄹ 뻔하다	
12과	환경 보호	환경 오염의 종류	① 환경 오염의 종류 ② 환경 오염의 원인	① -다가는 ② -(으)ㄹ 게 뻔하다	① 미래 환경 오염의 심각성 이야기하기 ② 환경 보호를 위한 실천 방법 소개하기 ③ 친환경 상품 개발에 대해 듣고 말하기 ④ 환경 보호 실천에 대한 글 읽고 쓰기
		환경 보호 실천	③ 환경 보호 대책 ④ 환경 보호 실천	③ -더라고요 ④ -길래	

등장인물 소개

이서준
국적: 한국
성별: 남
직업: 대학생
인물 관계: 김지우와 대학 동기, 다니엘과 동아리 친구

다니엘
국적: 독일
성별: 남
직업: 교환 학생, 어학연수생
인물 관계: 이서준과 동아리 친구, 왕페이, 로안, 사토, 진소명과 같은 반 친구

왕페이
국적: 중국
성별: 여
직업: 어학연수생
인물 관계: 다니엘, 로안, 사토, 진소명과 같은 반 친구

사토
국적: 일본
성별: 남
직업: 회사원, 어학연수생
인물 관계: 김지우와 회사 동료, 다니엘, 왕페이, 로안, 진소명과 같은 반 친구

박은영
국적: 한국
성별: 여
직업: 대학생
인물 관계: 다니엘, 진소명, 사토의 친구

로안
국적: 베트남
성별: 여
직업: 어학연수생
인물 관계: 다니엘, 왕페이, 사토, 진소명과 같은 반 친구

진소명
국적: 중국
성별: 남
직업: 대학원생, 어학연수생
인물 관계: 다니엘, 왕페이, 로안, 사토와 같은 반 친구

1 현대인의 여가 생활

MP3 Streaming

학습 목표

1 여가 활동의 목적

어휘 | 여가, 여가 활동의 목적
문법 | -(으)ㄹ 겸 -(으)ㄹ 겸 (해서), -는 바람에
대화 | 여가 활동의 필요성과 여가 활동 권유하기
말하기 | 여가 활동 추천하기

2 여가 활동의 유형

어휘 | 여가 문화 발달 요인, 여가 활동의 유형
문법 | -고 보니(까), -는 대로
대화 | 여가 활동 이야기하기
말하기 | 여가 활동 계획하기

3 현대인의 여가 생활 – 활동

듣고 말하기 | 여가 친화 기업에 대해 듣고 말하기
읽고 쓰기 | 가족 캠핑에 대한 글 읽고 쓰기

1 여가 활동의 목적

1 사람들이 무엇을 하고 있습니까?

2 여러분은 시간이 있을 때 보통 뭘 합니까?

1 다음 표현을 공부하고 빈칸에 맞게 써 봅시다.

| 여가 시간 | 여가 활동 | 여가 시설 | 여가 비용 | 여가 산업 |

1) 나는 매달 20만 원 정도의 _________________ 쓰고 있다.

2) 요즘 회사 일이 너무 바빠서 _________________ 내기가 쉽지 않다.

3) 내 생각에 한국인들이 가장 선호하는 _________________ 여행인 것 같다.

4) 도시는 공원이나 영화관 같은 _________________ 많아서 여가를 즐기기가 편리하다.

2 다음 표현을 공부하고 그림에 맞게 넣은 후 질문에 대답해 봅시다.

| 휴식을 취하다 | 건강을 유지하다 | 스트레스를 해소하다 | 피로를 회복하다 |
| 재충전을 하다 | 기분 전환을 하다 | 친목을 도모하다 | 자기 계발을 하다 |

여가 활동의 목적

↓ ↓ ↓ ↓

_________________ _________________ _________________ _________________

1) 기분 전환을 하고 싶을 때 보통 무엇을 합니까?

2) 건강을 유지할 수 있는 방법에는 어떤 것들이 있습니까?

3) 현대인들은 자기 계발을 하기 위해서 어떤 노력을 합니까?

4) 스트레스가 쌓였을 때 어떻게 하면 스트레스를 해소할 수 있습니까?

5) 학교나 직장에서 친목을 도모할 수 있는 방법에는 어떤 것들이 있습니까?

1. -(으)ㄹ 겸 -(으)ㄹ 겸 (해서)

예문
- 돈도 벌 겸 사회 경험도 쌓을 겸 해서 아르바이트를 시작했다.
- 요즘 기분 전환도 할 겸 운동도 할 겸 주말마다 한강공원에 간다.

1 '-(으)ㄹ 겸 -(으)ㄹ 겸 (해서)'를 사용해서 대답해 봅시다.

보기
가: 방학에 뭐 할 거예요? (부모님을 뵈다 + 입학 서류를 준비하다)
나: 부모님도 뵐 겸 입학 서류도 준비할 겸 고향에 다녀오려고요.

1) 어제 왜 도서관에 갔어요? (공부를 하다 + 자료를 찾다)

2) 왜 컴퓨터를 켜 놓았어요? (음악을 듣다 + 인터넷을 하다)

3) 학교에 자전거를 타고 와요? (교통비를 아끼다 + 운동을 하다)

4) 이번 주말에도 카페에 갈 거예요? (커피를 마시다 + 책을 읽다)

5) 케이팝 동아리에 가입했다면서요? (노래를 배우다 + 친구를 사귀다)

2 '-(으)ㄹ 겸 -(으)ㄹ 겸 (해서)'를 사용해서 지금 하는 일의 목적을 말해 봅시다.

여가 활동	언어 교환
한국 유학	한국 여행
텔레비전 시청	?

2. –는 바람에

| 예문 | • 어제 집에 가다가 눈길에서 미끄러지는 바람에 발목을 삐었다.
• 낮에 음식을 잘못 먹는 바람에 배탈이 나서 고생했다. |

1 '–는 바람에'를 사용해서 문장을 완성해 봅시다.

> **보기** 길이 막히는 바람에 제시간에 도착할 수 없었다.

1) 길이 막혔다 　　　　　　　　　　　　　　• 발표를 하지 못했다.

2) 급한 일이 생겼다 　　　　　　　　　　　• 결말 부분을 보지 못했다.

3) 자료를 집에 놓고 왔다 　　　　　　　　• 제시간에 도착할 수 없었다.

4) 영화를 보다가 잠이 들었다 　　　　　　• 약속 시간을 늦출 수밖에 없었다.

2 '–는 바람에'를 사용해서 대답해 봅시다.

1) 아침을 안 먹고 왔어요? (아침에 늦잠을 자다)

2) 비행기가 취소돼서 출장을 못 갔다면서요? (폭설이 내리다)

3) 하루 종일 연락을 기다렸는데 왜 전화 안 했어요? (배터리가 나가다)

4) 노트북이 고장 났나 봐요. 작동이 안 되는데요. (노트북에 커피를 쏟다)

3 '–는 바람에'를 사용해서 하지 못한 일과 그 이유에 대해 말해 봅시다.

1	여가 활동을 못 한 이유
2	약속을 못 지킨 이유
3	휴가 계획을 취소한 이유

독감에 걸리는 바람에
동아리 모임에 못 나갔어요.

사토	지우 씨, 요즘 퇴근하자마자 어디에 가요?
지우	취미 생활도 할 겸 자기 계발도 할 겸 가구 만드는 걸 배워요.
사토	지우 씨는 여가를 잘 활용하네요. 회사 일도 바쁘고 힘들 텐데….
지우	날마다 일만 하면 스트레스가 쌓이잖아요. 여가 시간도 가져야죠.
사토	그러면 좋은데 저는 일 끝나면 너무 피곤해서 그냥 집에 가게 돼요.
지우	저도 옛날에는 그랬는데 여가 활동을 시작하니까 오히려 피로도 풀리고 기분 전환도 돼서 좋아요. 사토 씨는 뭐 하고 싶은 여가 활동 없어요?
사토	전에는 자주 축구를 했는데 다리를 다치는 바람에 한동안 못 했거든요. 그래서 이번에 회사 축구 동호회에 가입해 볼까 해요.
지우	좋은 생각이네요. 여가도 즐기고 친목 도모도 할 수 있어서 좋을 것 같아요.

1 다음 질문에 대답해 봅시다.

1) 지우 씨는 요즘 퇴근한 후에 무엇을 합니까? 왜 그것을 합니까?

2) 지우 씨는 여가 활동을 시작한 후에 어떤 점이 좋아졌습니까?

3) 사토 씨가 축구를 하다가 못 하게 된 이유는 무엇입니까?

4) 사토 씨는 앞으로 어떤 여가 활동을 하려고 합니까?

2 다음 표현을 공부하고 빈칸에 맞게 써 봅시다.

여가를 활용하다		오히려
피로가 풀리다	한동안	여가를 즐기다

1) 몸이 피곤해서 주말에 푹 잤는데도 _________________ 않는다.

2) 요즘 _________________ 취미 생활을 즐기는 사람들이 점점 늘고 있다.

3) _________________ 고향에 가지 못했기 때문에 부모님이 많이 보고 싶다.

4) 이번 학기는 지난 학기보다 열심히 공부했는데 _________________ 성적이 떨어졌다.

3 다음 발음에 주의하여 문장을 읽어 봅시다.

- 취미 생활도 **할 겸** 자기 계발도 **할 겸** 가구 만드는 걸 배워요.
- 오히려 피로도 **풀리고** 기분 **전환도** 돼서 좋아요.
- 이번에 회사 **축구 동호회에 가입해** 볼까 해요.

4 다음 상황에 맞게 대화 연습을 해 봅시다.

직장 동료 1	직장 동료 2
요즘 하고 있는 여가 활동과 여가 활동의 필요성에 대해 말한다.	요즘 여가 활동을 못 하는 이유와 앞으로 하고 싶은 여가 활동에 대해 말한다.

여가 활동의
목적

여가 활동의
필요성

여가 활동을
못 하는 이유

여가 활동 계획

-(으)ㄹ 겸 -(으)ㄹ 겸 (해서)
-는 바람에

1 다음을 보고 한국인의 여가 생활에 대해 이야기해 봅시다.

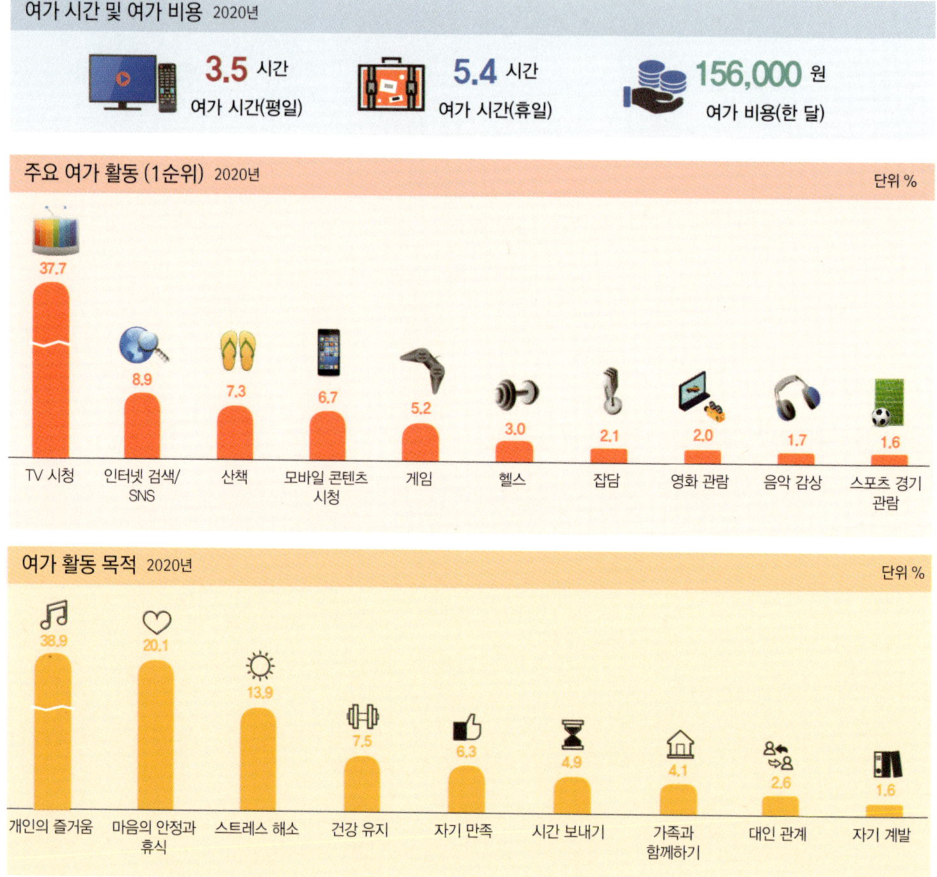

1) 한국인들이 많이 하는 여가 활동은 무엇입니까?

2) 한국인들이 여가 활동을 하는 주된 목적은 무엇입니까?

2 요즘 친구들이 어떻게 여가 시간을 보내는지 알아봅시다.

1	요즘 어떤 여가 활동을 해요?	
2	언제, 어디에서 그 활동을 해요?	
3	그 활동을 하는 목적은 뭐예요?	
4	현재 자신의 여가 생활에 만족해요?	
5	만족스러운/불만족스러운 이유는 뭐예요?	

3 친구들이 희망하는 여가 활동에 대해 묻고 여가 활용 방법을 추천해 봅시다.

1) 친구들이 희망하는 여가 활동을 조사해 봅시다.

여가 시간	**질문1**: 일주일 동안 여가 시간을 얼마나 낼 수 있습니까? ㄴ
여가 비용	**질문2**: 한 달 평균 여가 비용을 얼마나 쓸 수 있습니까? ㄴ
여가 공간	**질문3**: 이용하고 싶은 여가 공간은 어떤 곳입니까? ㄴ
여가 활동의 목적	**질문4**: 여가 활동을 하는 주된 목적은 무엇입니까? ㄴ ① 　②
여가 활동의 종류	**질문5**: 어떤 여가 활동을 선호하는 편입니까? ㄴ
여가 활동의 동반자	**질문6**: 누구와 여가 활동을 하고 싶습니까? ㄴ

2) 친구들에게 맞는 여가 활동을 추천해 봅시다.

	이름	희망하는 여가 활동	추천할 만한 여가 활동
1			
2			
3			

1 최근 직장인들의 여가 시간과 여가 활동이 어떻게 달라졌습니까?

2 여러분 나라에서는 직장인들의 여가 생활이 어떻게 달라졌습니까?

1 다음 표현을 공부하고 빈칸에 맞게 써 봅시다.

여가 문화 발달 요인		
개인적 요인	여가 시간이 늘다 경제적 여유가 생기다 여가 활동에 관심이 많아지다	
사회적 요인	교통이 발달하다 정보 매체가 발달하다 여가 산업이 발달하다	

1) 올해 월급이 많이 올랐기 때문에 작년보다 ________________________.

2) ________________________ 예전에 비해 쉽고 빠르게 정보를 얻게 되었다.

3) ________________________ 여가 활동도 다양해지고 여가 시설도 좋아졌다.

4) 주 5일 근무제가 시작되면서 근로 시간은 줄고 ________________________.

5) 도시는 ________________________ 때문에 어디든지 편리하게 이동할 수 있다.

2 다음 표현을 공부하고 서로 관계있는 것을 연결해 봅시다.

휴식 활동

관광 활동

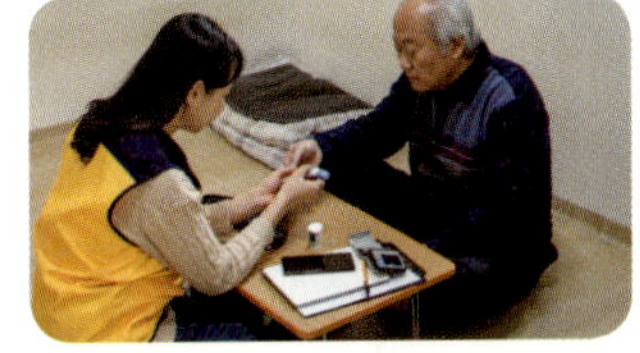

사회 활동

스포츠 활동

취미·오락 활동

문화·예술 활동

1) 휴식 활동 •   • 여행, 캠핑 등

2) 관광 활동 •   • 낮잠, 산책, TV 시청 등

3) 사회 활동 •   • 게임, 요리, 공예, 수집, SNS 등

4) 스포츠 활동 •   • 운동 경기 관람, 운동 활동 참여 등

5) 취미·오락 활동 •   • 공연 관람, 악기 연주, 사진 촬영 등

6) 문화·예술 활동 •   • 동호회 활동, 봉사 활동, 종교 활동 등

1. –고 보니(까)

예문
- 봉사 활동을 하고 보니 좋은 경험도 되고 보람도 느낄 수 있었다.
- 장학금을 받고 보니까 앞으로 더 열심히 공부해야겠다는 생각이 들었다.

1 '–고 보니(까)'를 사용해서 대답해 봅시다.

1) 오늘 왜 그렇게 늦게 왔어요? (일어나다/ 9시다)

2) 구두 예뻤는데 왜 안 샀어요? (신다/ 발이 좀 불편하다)

3) 새로 들어온 직원은 어때요? (이야기를 나누다/ 좋은 사람 같다)

4) 요즘 페이 씨하고 항상 같이 다니네요. (알다/ 같은 기숙사에 살고 있다)

2 알맞은 것을 연결하고 '그러고 보니(까)'를 사용해서 대답해 봅시다.

보기
가: 요즘 독감이 유행이래요.

나: 그래요? 그러고 보니 감기 환자가 많은 것 같아요.

1) 요즘 독감이 유행이래요.   •   • 살이 좀 빠지다

2) 요즘 다이어트하고 있어요.   •   • 하늘이 많이 흐리다

3) 어제 발표 때문에 밤을 새웠어요.   •   • 얼굴이 피곤해 보이다

4) 일기 예보에서 오후에 비가 온대요. •   • 감기 환자가 많은 것 같다

3 '–고 보니(까)'를 사용해서 여가 활동 경험에 대해 이야기해 봅시다.

저는 요즘 여가 활동으로 수영을 배우고 있는데
꾸준히 하고 보니까 건강도 좋아지고 활력도 생기는 것 같아요.

2. –는 대로

예문
- 새로 개봉한 영화가 재미있다고 하니까 퇴근하는 대로 보러 가자.
- 오늘 점심을 먹는 대로 도서관에 가서 시험공부를 할 거예요.

1 '–는 대로'를 사용해서 문장을 완성해 봅시다.

보기　이메일을 받는 대로 답장을 보내 주세요.

1) 이메일을 받다　　　　　　　　　　출발합시다.

2) 대학교를 졸업하다　　　　　　　　취직을 해야 돼요.

3) 회원들이 다 모이다　　　　　　　　답장을 보내 주세요.

4) 합격자 발표가 나다　　　　　　　　부모님께 전화할 거예요.

2 '–는 대로'를 사용해서 대답해 봅시다.

1) 언제 이사할 거예요? (집을 구하다)

2) 이번 방학에 고향에 갈 거예요? (방학을 하다)

3) 발표 자료는 언제까지 내야 돼요? (발표 자료를 다 만들다)

4) 책이 재미있을 것 같은데 저도 좀 빌려주세요. (책을 다 읽다)

3 '–는 대로'를 사용해서 자신의 계획을 말해 봅시다.

1	여행	
2	여가 활동	
3		

페이 어제 연극 보러 갔다면서요? 요즘 여가 시간이 좀 많아졌나 봐요.

사토 예전에는 야근이 많아서 시간 내기가 힘들었는데 요즘은 업무 끝나면 바로 퇴근하니까 여가 활동을 많이 하게 돼요.

페이 다행이네요. 요즘 여가 시설이 많이 생겨서 즐길 수 있는 것도 많아졌죠?

사토 네. 전에는 시간이 있어도 텔레비전을 보거나 친목 모임에 나가는 게 전부였는데 요즘은 다양한 활동을 해 볼 수 있는 것 같아요. 페이 씨는 어떤 여가 활동을 해요?

페이 저는 SNS 동영상을 보면서 그림도 배우고 요가도 배우는데 참 좋아요.

사토 동영상을 보면서 배우려면 쉽지 않을 것 같은데요.

페이 저도 그럴 줄 알았는데, 몇 번 하고 보니까 이해가 안 되는 부분을 반복해서 볼 수도 있고 다양한 정보도 얻을 수 있어서 좋은 것 같아요.

사토 그래요? 전 요리를 배우고 싶은데 퇴근하는 대로 한번 찾아봐야겠네요.

1 다음 질문에 대답해 봅시다.

1) 사토 씨가 요즘 여가 활동을 많이 하게 된 이유는 무엇입니까?

2) 페이 씨는 여가 활동이 다양해진 이유가 무엇이라고 생각합니까?

3) 페이 씨는 어떻게 여가 활동을 합니까? 그것이 어떻습니까?

4) 사토 씨는 오늘 퇴근한 후에 무엇을 하려고 합니까?

2 다음 표현을 공부하고 빈칸에 맞게 써 봅시다.

예전	야근하다	시간을 내다	업무
전부	동영상	반복하다	정보를 얻다

1) 요즘 회사에 일이 많아서 ________________________ 때가 많다.

2) 다음 달에 선배 결혼식이 있는데 바빠도 ________________________ 참석하려고 한다.

3) 인터넷이 발달해서 궁금한 것이 있을 때 인터넷으로 바로 ________________________ 수 있다.

4) 한국 뉴스가 어렵기는 하지만 같은 내용을 ________________________ 들으면 이해할 수 있다.

3 다음 발음에 주의하여 문장을 읽어 봅시다.

- 요즘 여가 시설이 많이 생겨서 **즐길 수 있는** 것도 **많아졌죠**?

- **동영상을** 보면서 배우려면 **쉽지 않을 것 같은데요**.

- 퇴근하는 대로 한번 **찾아봐야겠네요**.

4 다음 상황에 맞게 대화 연습을 해 봅시다.

친구 1	친구 2
여가 활동을 많이 하게 된 이유와 여가 활동의 변화에 대해 말한다.	여가 활동이 다양해진 이유와 여가 활동 방법에 대해 말한다.

여가 시간이 많아진 이유

↓

여가 활동이 다양해진 이유

↓

여가 활동을 하는 방법

↓

여가 활동 계획

-고 보니까
-는 대로

1 다음을 보고 질문에 대답해 봅시다.

1) 최근 직장인들의 여가 생활이 변화된 원인에는 어떤 것들이 있습니까?

2) 여가 생활이 변화하면서 직장인들은 어떻게 여가 활동을 하고 있습니까?

2 다음을 읽고 자신의 여가 성향을 알아보고 결과를 말해 봅시다.

	문항	네	아니요
1	혼자 시간 보내는 것을 좋아한다.	☐	☐
2	독서나 명상처럼 조용한 활동이 좋다.	☐	☐
3	활동적인 것보다 휴식을 취하는 것을 선호한다.	☐	☐
4	운동이나 야외 활동을 자주 한다.	☐	☐
5	새로운 스포츠나 활동에 도전하는 것을 좋아한다.	☐	☐
6	몸을 움직이는 활동을 통해 스트레스를 해소한다.	☐	☐
7	그림 그리기, 공예 등 창의적인 활동을 즐긴다.	☐	☐
8	새로운 아이디어를 생각하고 표현하는 것이 좋다.	☐	☐
9	창의적인 활동을 통해 성취감을 느낀다.	☐	☐

‘네’라고 대답한 문항이 많을수록 해당 성향에 가까워요.

정적인 활동을 좋아하는 사람 (1번~3번) (　　)개
활동적인 것을 좋아하는 사람 (4번~6번) (　　)개
창의적인 활동을 좋아하는 사람 (7번~9번) (　　)개

3 여러분이 일주일 동안 하고 싶은 여가 활동을 계획해서 발표해 봅시다.

유형	문화·예술	운동	체험	취미·오락
활동	콘서트 관람	요가	수제 향수	바리스타 실습
	기타 연주	케이 팝 댄스	가죽 공예	메이크업 실습
	사진 촬영	농구	강아지 수제 간식	컴퓨터 게임

요일	월	화	수	목	금	토	일
유형							
활동							

저에게 잘 맞는 여가 활동은 ______________________ 유형인 것 같아요.

그래서 저는 일주일의 여가 계획을 다음과 같이 세워 보았어요.

____

____.

______________ 는 대로 ______________ (으)려고 해요.

3 현대인의 여가 생활 – 활동

1 다음을 듣고 맞으면 O, 틀리면 X 하십시오. 

1) 여자는 바람도 쐬고 친목 도모도 하기 위해 야외에 나가려고 한다. ( )

2) 여자는 자전거를 타다가 다치는 바람에 여행을 갈 수 없었다. ( )

3) 남자의 여가 활동은 건강 증진과 스트레스 해소에 도움이 된다. ( )

4) 여자는 수업 일정이 나오자마자 남자에게 알려 줄 것이다. ( )

2 다음을 듣고 질문에 답하십시오.

1 다음 중 남자의 생각으로 맞는 것을 고르십시오.

① 여가 활동보다 취업 준비가 더 중요하다.

② 건강을 위해 잠깐이라도 여가 활동을 해야 한다.

③ 동호회 활동을 하면 여가 비용이 많이 안 들어서 좋다.

④ 공부나 일에 도움이 되는 여가 활동을 찾아보려고 한다.

2 현대인들이 여가 생활에 만족하지 못하는 이유를 모두 고르십시오.

① 시간적 여유가 없어서   ② 여가 시설이 부족해서

③ 경제적으로 부담스러워서   ④ 여가 활동이 다양하지 않아서

3 다음을 듣고 질문에 답하십시오. 

1 기사에 나온 회사는 어떤 휴가 제도를 가지고 있습니까? 이유는 무엇입니까?

휴가 제도	㉠
이유	㉡

2 다음 중 들은 내용과 다른 것을 고르십시오.

① 여자는 회사 내 여가 활동 프로그램에 참여한 적이 있다.

② 여자는 요즘 회사 업무 때문에 봉사 활동을 자주 못 했다.

③ 여자는 여가 생활을 하면서 스트레스도 줄고 건강도 좋아졌다.

④ 여자는 앞으로 회사에서 여가 비용을 지원해 주면 좋겠다고 생각한다.

4 다음을 듣고 질문에 답하십시오. 

서예   바느질

씨름   널뛰기

1 과거의 여가 생활에 대한 설명으로 맞지 않는 것을 고르십시오.

① 여자들은 여가 시간에 바느질이나 널뛰기를 했다.

② 남자들은 주로 서예나 씨름 같은 여가 활동을 했다.

③ 과거에는 농사일로 바빠서 여가 생활을 즐기지 못했다.

④ 조상들은 피로 회복과 친목 도모를 위해 놀이를 즐겼다.

2 오늘날 여가 활동의 종류가 다양해진 이유는 무엇입니까?

____

3 과거와 현대는 여가 활동이 어떻게 다릅니까?

	과거	현대
1	㉠	혼자 하는 활동이 많다.
2	남녀의 여가 활동이 달랐다.	㉡
3	–	㉢

4 들은 내용을 요약해서 말해 봅시다.

5 다음 질문에 대답해 봅시다.

1) 여러분 나라에서는 과거와 현대의 여가 활동이 어떻게 달라졌습니까?

2) 여러분 나라에서 최근에 인기가 많아진 여가 활동은 무엇입니까?

1 다음 질문에 대답해 봅시다.

캠핑장

캠핑카

캠핑용품

1) 여가 활동으로 캠핑을 해 본 적이 있나요? 언제, 누구와 했나요?

2) 캠핑을 할 때 어떤 점이 좋았나요? 어떤 점이 힘들었나요?

2 다음 글을 읽어 봅시다.

기억에 남는 여가 활동

요즘 한국에서는 캠핑이 여가 활동으로 인기를 끌고 있다. 캠핑은 계절과 관계없이 언제든지 즐길 수 있을 뿐만 아니라 복잡한 도시를 떠나 아름다운 자연 속에서 마음의 안정을 찾을 수 있어 누구나 좋아한다. 최근에는 다양한 편의 시설을 갖춘 캠핑카와 캠핑장도 늘고 있어서 더 편하게 캠핑을 즐길 수 있게 되었다.

나는 캠핑을 하는 사람들을 보면 어렸을 때 가족과 함께한 첫 캠핑 여행이 생각난다. 그 시기 우리 가족은 회사에 다니고 학교에 다니느라고 바쁜 일상을 보내고 있었다. 그러다 여름휴가를 맞아 가족 여행도 할 겸 재충전도 할 겸 캠핑을 떠나기로 했다. 캠핑 여행은 처음이어서 우리는 한 달 전부터 인터넷으로 캠핑장과 캠핑용품 등을 알아보고 텐트 치는 방법도 확인해 두었다. 그리고 드디어 여행을 떠나기 전날, 우리는 설레는 마음에 잠을 이룰 수 없었다.

출발 당일 우리는 아침 일찍 일어나서 준비해 놓은 짐들을 차에 실었다. 생각보다 짐이 많아서 다 싣고 보니 앉을 자리도 없었다. 짐 사이에 끼어 앉아 겨우 출발할 수 있었다. 하지만 캠핑장까지 가는 길도 쉽지 않았다. 휴가철이어서 길이 막히는 데다가 중간에 길을 잘못 들어 헤매는 바람에 계획보다 훨씬 늦게 도착했다. 캠핑장에 도착하고 보니 이미 날이 어두워지고 있어서 서둘러 텐트를 쳤다. 그런데 텐트를 치기 시작한 지 얼마

안 되었을 때 소나기가 내리기 시작했다. 갑자기 비가 쏟아지는 바람에 온 가족이 빗속을 뛰어다니며 텐트를 쳐야 했다.

비가 그친 후 우리는 저녁식사를 준비했다. 김치찌개만 끓여서 먹었는데 배가 고파서 그랬는지 김치찌개 맛이 꿀맛이었다. 식사를 하고 설거지를 끝냈을 때는 이미 날이 어두워져서 밤하늘에 별들이 보이기 시작했다. 평소였다면 각자 자기 방에서 텔레비전을 보거나 컴퓨터를 하고 있을 시간이었지만, 그날 우리는 텐트 앞에 모닥불을 피우고 앉아 오랫동안 이야기를 나누었다. 서로의 속마음을 이야기하고 보니 가족의 소중함을 더 많이 느낄 수 있었다.

내년 2월이면 나는 대학교를 졸업한다. 졸업식을 마치는 대로 가족과 함께 캠핑을 가기로 했다. 오랜만에 떠나는 이번 가족 캠핑 여행이 많이 기다려진다.

3 위의 글을 읽고 질문에 대답해 봅시다.

1 다음 중 내용과 다른 것을 고르십시오.

① 캠핑을 가려고 한 달 전부터 여행 준비를 했다.

② 여행 당일에 길을 잘못 들어서 캠핑장에 늦게 도착했다.

③ 텐트를 칠 때 소나기가 내려서 비가 그친 후에 다시 쳐야 했다.

④ 저녁 식사 후에 가족들과 함께 모닥불을 피우고 속마음을 이야기했다.

2 여름휴가 때 가족들이 함께 캠핑을 떠난 목적은 무엇입니까?

____

4 다음 주제로 작문을 하십시오.

주제: 기억에 남는 여가 활동

1 기억에 남는 여가 활동은 무엇입니까?

2 그 여가 활동을 할 때 어떤 일이 있었습니까?

3 그 여가 활동이 기억에 남는 이유는 무엇입니까?

2 음식과 요리

학습 목표

1 맛과 요리 방법

어휘 | 조리 방법, 양념과 맛
문법 | 에다가, –고 나면
대화 | 나라마다 비슷한 음식 소개하기
말하기 | 요리 방법 설명하기

2 식사 예절

어휘 | 식사 방식, 요리 관련 관용어
문법 | –(으)ㄹ까 봐, –(으)ㄴ/는걸요
대화 | 식사 예절 설명하기
말하기 | 나라별 식사 예절 비교하기

3 음식과 요리 – 활동

듣고 말하기 | 여러 가지 음식과 요리 방법에 대해 듣고 말하기
읽고 쓰기 | 한국인의 간식에 대한 글 읽고 쓰기

맛과 요리 방법

세계 주요 도시별 인기 한식 메뉴
상위 5개(인기순)

36

베이징

순위	메뉴
1위	비빔밥
2위	삼겹살
3위	냉면
4위	찌개
5위	전골

뉴욕

순위	메뉴
1위	치킨
2위	불고기
3위	비빔밥
4위	갈비
5위	잡채

도쿄

순위	메뉴
1위	비빔밥
2위	갈비
3위	찌개
4위	전
5위	삼겹살

두바이

순위	메뉴
1위	비빔밥
2위	치킨
3위	전골
4위	잡채
5위	불고기

런던

순위	메뉴
1위	치킨
2위	비빔밥
3위	잡채
4위	전
5위	불고기

1 도시별로 인기가 많은 한국 음식은 무엇입니까?

2 여러분 고향에서는 어떤 한국 음식이 인기가 있습니까?

1 다음 표현을 공부하고 그림에 맞게 써 봅시다.

| 다듬다
썰다
자르다 | 절이다
무치다 | 볶다   삶다
굽다   찌다
부치다   익히다   데치다
튀기다   끓이다 |

파를 ___________

파를 ___________

만두를 ___________

전을 ___________

생선을 ___________

배추를 ___________

2 다음 표현을 공부하고 질문에 대답해 봅시다.

| 양념 | 간장   된장   고추장   초간장   초고추장
마늘   생강   고춧가루   후춧가루   소금   설탕   식초   참기름 |

| 맛 | 맵다 ➡ 매콤하다
시다 ➡ 새콤하다
달다 ➡ 달콤하다 | 짜다
싱겁다
느끼하다
담백하다 |

1) 한국 음식은 어떤 맛이 많이 납니까? 그 맛은 어떤 양념 때문입니까?

2) 여러분 고향 음식은 어떤 맛이 많이 납니까? 어떤 양념을 많이 사용합니까?

3) 위의 양념 중 발효 식품은 무엇입니까? 여러분 고향에도 비슷한 것이 있습니까?

제2과 음식과 요리

1. 에다가

예문
- 식탁에다가 아침상을 차렸다.
- 나는 커피에다가 설탕을 넣지 않고 마신다.

1 '에다가'를 사용해서 문장을 완성해 봅시다.

> **보기** 공책/ 이름을 써 놓다 ➡ 공책에다가 이름을 써 놓았어요.

1) 책꽂이/ 책을 꽂아 놓다　➡ ______________________________.

2) 휴대폰/ 일정을 저장해 놓다　➡ ______________________________.

3) 벽/ 액자를 걸어 놓다　➡ ______________________________.

4) 저기/ 차를 세워 놓다　➡ ______________________________.

2 '에다가'를 사용해서 대답해 봅시다.

1) 생일 선물로 뭘 준비했어요? (꽃다발/ 카드를 준비하다)

2) 요즘 조금 힘들어 보이네요. (집안일/ 회사 일도 많다)

3) 기분이 좋아 보이네요. 좋은 일이 있어요? (월급/ 보너스도 받다)

4) 그 사람은 학교 다닐 때 어떤 학생이었어요? (우등생/ 학생회장이다)

3 '에다가'를 사용해서 다음 음식에 무엇을 더 넣으면 맛있는지 말해 봅시다.

2. -고 나면

예문
- 그 사람과 이야기하고 나면 마음이 안정된다.
- 코미디 영화를 보고 나면 기분이 좋아져서 자주 본다.

1 '-고 나면'을 사용해서 문장을 완성해 봅시다.

보기   약을 먹고 나면 감기가 빨리 나을 것이다.

1) 약을 먹다   마음이 가벼워질 것이다.

2) 일을 마치다   감기가 빨리 나을 것이다.

3) 고기를 굽다   보람을 느낄 수 있다.

4) 솔직히 말하다   옷에 냄새가 밸 수 있다.

2 '-고 나면'을 사용해서 대답해 봅시다.

1) 오후에 수업이 몇 시에 끝나요? (수업이 끝나다/ 5시가 되다)

2) 이 수학 문제는 저에게 너무 어려워요. (공식을 알다/ 쉽다)

3) 좀 배고프지 않아요? (숙제를 끝내다/ 같이 밥을 먹으러 나가다)

4) 그렇게 매일 운동을 하면 힘들지 않아요? (운동을 하다/ 몸이 가벼워지다)

3 '-고 나면'을 사용해서 음식과 관련된 이야기를 해 봅시다.

저는 매운 음식을 먹고 나면 스트레스가 풀려요.

저는 커피를 마시고 나면 집중이 잘돼요.

로안 서준 씨, 지금 뭘 만들려는 거예요?

서준 비도 오고 출출해서 김치전을 부쳐 먹으려고요.

로안 한국인은 날씨나 계절에 따라 먹는 음식이 다르다고 배웠는데 진짜네요. 근데 김치전은 만들기 어렵지 않아요?

서준 아니요. 로안 씨도 만드는 걸 한 번 보고 나면 다음엔 혼자 만들 수 있을 거예요.

로안 어렵지 않다면 배워 보고 싶은데 어떻게 만들어요?

서준 먼저 잘 익은 김치를 썰어 놓아요. 그리고 부침 가루로 반죽을 만들어요. 이 반죽에다가 썰어 놓은 김치를 넣고 이제 적당한 크기로 노릇노릇하게 부치기만 하면 돼요.

로안 한국 음식은 손이 많이 간다고 생각했는데 이건 아주 쉽네요. 우리나라에도 반쎄오라는 음식이 있는데 재료는 다르지만 만드는 방법은 비슷해요.

서준 그래요? 저한테도 가르쳐 주세요.

1 **다음 질문에 대답해 봅시다.**

1) 서준 씨는 왜 김치전을 만들어 먹으려고 합니까?

2) 김치전은 어떻게 만듭니까? 만드는 방법을 설명해 보세요.

3) 로안 씨는 평소에 한국 음식 만들기가 어떻다고 생각했습니까?

4) 서준 씨는 로안 씨에게 무엇을 배우고 싶어 합니까?

2 다음 표현을 공부하고 빈칸에 맞게 써 봅시다.

출출하다	익다	부침 가루	반죽
크기	노릇노릇하다	손이 많이 가다	

1) 빵을 만들려면 밀가루에다 물을 넣고 ＿＿＿＿＿＿＿＿＿＿ 만들어야 한다.

2) 저녁을 조금 먹어서 그런지 배가 좀 ＿＿＿＿＿＿＿＿＿.

3) 튀김 색깔을 보니 ＿＿＿＿＿＿＿＿＿ 잘 튀겨진 것 같다.

4) 잡채는 ＿＿＿＿＿＿＿＿＿ 음식이어서 자주 안 만든다.

3 다음 발음에 주의하여 문장을 읽어 봅시다.

- 비도 오고 **출출해서** 김치전을 부쳐 **먹으려고요**.

- **적당한** 크기로 **노릇노릇하게** 부치기만 하면 돼요.

- **손이 많이** 간다고 **생각했는데** 이건 아주 **쉽네요**.

4 다음 상황에 맞게 대화 연습을 해 봅시다.

친구 1	친구 2
지금 만들고 있는 음식을 소개하고 재료와 만드는 방법을 설명한다.	친구가 만드는 음식과 비슷한 고향 음식을 소개한다.

에다가
-고 나면

지금 만들고 있는 음식 소개

↓

재료와 요리 방법 설명

↓

고향의 비슷한 음식 소개

↓

재료와 요리 방법 설명

1 다음 설문 조사 결과를 보고 질문에 대답해 봅시다.

〈조사 대상: 외국인 300명〉

가장 맛있어하는 한식	VS	먹어 보고 싶어 하는 이색 한식
불고기 38.8%	1위	산낙지 26%
비빔밥 29.3%	2위	간장게장 14.6%
치킨 21.8%	3위	순대 14.2%
삼겹살 20.1%	4위	홍어 10.3%
김밥 12.5%	5위	육회 7.7%

1) 외국인들이 가장 맛있다고 응답한 한식은 무엇입니까?

2) 외국인들이 가장 먹어 보고 싶어 하는 이색 한식은 무엇입니까?

3) 여러분이 먹어 보고 싶은 이색 한국 음식은 무엇입니까?

4) 한국에 오고 나서 좋아하게 된 음식이 있습니까?

2 다음 내용으로 친구들과 이야기해 봅시다.

1	친구들에게 만들어 주고 싶은 음식이 있습니까?
2	그 음식의 이름은 무엇입니까?
3	언제 만들어 주고 싶습니까? (생일, 아플 때, 추운 날, 더운 날, 비가 오는 날)

3 **다음 질문에 대답해 봅시다.**

1) 친구에게 만들어 주고 싶은 음식의 요리 방법을 설명해 봅시다.

재료					
주방 도구	프라이팬 ☐	냄비 ☐	도마 ☐	칼 ☐	접시 ☐

제가 친구에게 만들어 주고 싶은 요리는 ________________ 입니다.

필요한 재료는 ________________________ 등입니다.

요리 방법은 다음과 같습니다. 먼저 ________________

____

그 다음에 ________________________________

____ .

그리고 ________________________________

____ .

마지막으로 ______________________________

________________________ (으)면 완성됩니다.

2) 친구들이 소개한 요리 중 가장 따라 하기 쉬운 요리는 무엇이었습니까?

3) 친구들의 요리 중 가장 먹어 보고 싶은 요리는 어떤 요리였습니까?

2 식사 예절

1 위의 사진에서 식사할 때 서로 다른 점은 무엇입니까?

2 여러분은 어떤 방법으로 먹는 게 편합니까?

1 다음 표현을 공부하고 질문에 대답해 봅시다.

1) 한국의 대표적인 상차림은 무엇입니까? 어떻게 상을 차립니까?

2) 여러분 나라의 대표적인 상차림은 한국과 어떻게 다릅니까?

3) 한국 음식을 먹을 때는 어떤 도구를 사용합니까?

4) 여러분 나라에서는 식사를 할 때 어떤 도구를 사용합니까?

2 다음 표현을 공부하고 빈칸에 맞게 써 봅시다.

맛을 보다	간을 보다	간이 맞다
입에 맞다	입맛이 없다	손맛이 좋다

1) 요즘 날씨가 너무 더워서 그런지 ________________________________.

2) 그 지역의 음식은 내 ________________________ 않아서 먹기가 좀 힘들다.

3) 우리 할머니는 ________________________ 어떤 음식을 만들어도 다 맛있다.

4) 국이 너무 싱거울 때는 소금을 넣으면 ________________________.

제2과 음식과 요리

1. –(으)ㄹ까 봐

예문
- 고추장을 많이 넣으면 매울까 봐 조금만 넣었다.
- 인터넷으로 옷을 주문했는데 사이즈가 안 맞을까 봐 걱정된다.

1 '–(으)ㄹ까 봐'를 사용해서 문장을 완성해 봅시다.

> **보기** 시험에 떨어질까 봐 열심히 공부하고 있다.

1) 시험에 떨어지다   패스트푸드를 먹지 않다

2) 돈이 모자라다   열심히 공부하고 있다

3) 건강이 나빠지다   빨리 냉동실에 넣다

4) 아이스크림이 녹다   아껴 쓰고 있다

2 '–(으)ㄹ까 봐'를 사용해서 대답해 봅시다.

1) 왜 이렇게 일찍 나가요? (길이 막히다)

2) 이번 주말에 왜 놀이공원에 안 가기로 했어요? (사람이 많다)

3) 몸이 아픈데 부모님께 왜 말씀 안 드렸어요? (부모님이 걱정하시다)

4) 왜 이렇게 조용히 말해요? (옆 사람한테 방해되다)

3 '–(으)ㄹ까 봐'를 사용해서 식사할 때 걱정이 돼서 조심하는 게 있으면 말해 봅시다.

> 입에서 냄새가 날까 봐 아침에는 마늘이 들어간 음식은
> 잘 안 먹는 편이에요.

2. –(으)ㄴ/는걸요

예문 가: 음식이 좀 짜지 않아요?

나: 그래요? 저는 간이 딱 맞는걸요.

1 '–(으)ㄴ/는걸요'를 사용해서 대답해 봅시다.

1) 4급 문법이 너무 쉽지 않아요? (어렵다)

2) 저 사람이 페이 씨 남동생이죠? (오빠이다)

3) 이번 학기 신입생이죠? (지난 학기에도 다녔다)

4) 그 사람이 그렇게 좋으면 고백해 보세요. (그 사람은 사귀는 사람이 있다)

2 '–(으)ㄴ/는걸요'를 사용해서 대답해 봅시다.

1) 가: 김치 담그는 방법 좀 알려 주세요.

   나: 저도 ___________________________________.

2) 가: 초대해 주셔서 감사합니다.

   나: 먼 길 와 주셔서 오히려 제가 ___________________________.

3) 가: 그 영화가 재미없다면서요?

   나: 그래요? 저도 봤는데 저는 ___________________________.

4) 가: 배고픈데 우리 같이 밥 먹으러 갈까요?

   나: 미안해요. 저는 이미 ___________________________.

3 '–(으)ㄴ/는걸요'를 사용해서 친구의 초대를 거절해 봅시다.

소명	한국 친구의 부모님께서 저녁 초대를 하셨는데 혹시 식사할 때 지켜야 할 예절이 있으면 알려 줄래요? 실수할까 봐 걱정이 돼서요.
지우	한국은 식사 예절이 좀 까다로운 편인데요. 자리에 앉을 때는 어른이 먼저 앉으신 후에 앉아야 해요. 그리고 어른이 수저를 든 후에 소명 씨도 수저를 들도록 하세요.
소명	그럼, 식사 중에 지켜야 할 예절은 뭐예요?
지우	밥그릇을 손으로 들고 먹으면 안 돼요. 또 수저를 한 손에 모두 쥐고 먹어도 안 되고요.
소명	만약에 술을 주시면 두 손으로 받고 몸을 살짝 돌려서 마셔야 되지요?
지우	맞아요. 아주 잘 알고 있네요. 안 배워도 되겠어요.
소명	아니에요. 아직도 모르는 게 많은걸요.
지우	아, 그리고 어른보다 먼저 식사가 끝나도 바로 일어나지 말고 어른이 식사를 끝낼 때까지 기다렸다가 일어나야 해요. 식사가 끝난 후에는 "잘 먹었습니다." 하고 인사하고요.

1 **다음 질문에 대답해 봅시다.**

1) 소명 씨는 지금 무엇을 걱정하고 있습니까?

2) 지우 씨는 식사 전에 어떻게 하라고 했습니까?

3) 지우 씨는 식사 중에 어떻게 하라고 했습니까?

4) 지우 씨는 식사 후에 어떻게 하라고 했습니까?

2 다음 표현을 공부하고 빈칸에 맞게 써 봅시다.

| 예절을 지키다 | 까다롭다 | 수저 | 들다 |
| 쥐다 | 살짝 | 몸을 돌리다 | |

1) 그는 모임에서 다른 사람이 보지 않을 때 ＿＿＿＿＿＿＿＿＿ 빠져나왔다.

2) 아이는 엄마가 준 돈을 잃어버릴까 봐 돈을 손에 꼭 ＿＿＿＿＿＿＿＿＿ 있다.

3) 사회생활을 하면서 사람들과 잘 지내려면 ＿＿＿＿＿＿＿＿＿ 한다.

4) 그는 우리집을 방문할 때면 항상 꽃다발을 ＿＿＿＿＿＿＿＿＿ 왔다.

3 다음 발음에 주의하여 문장을 읽어 봅시다.

- **어른이** 먼저 **앉으신 후에 앉아야** 해요.
- **밥그릇을** 손으로 **들고 먹으면** 안 돼요.
- 아니에요. 아직도 모르는 게 **많은걸요**.

4 다음 상황에 맞게 대화 연습을 해 봅시다.

친구 1	친구 2
친구의 고향 식사 예절에 대해 물어본다.	친구에게 고향의 식사 예절을 설명해 준다.

-(으)ㄹ까 봐
-(으)ㄴ/는걸요

식사 예절을 배우려는 이유
↓
식사 전 예절
↓
식사 중 예절
↓
식사 후 예절

1 다음은 한국에서 식사 때 하면 안 되는 행동들입니다. 그림을 보고 무엇이 잘못됐는지 이야기해 봅시다.

1	숟가락과 젓가락을 한 손에 쥐지 않습니다.
2	팔을 식탁에 올리거나 음식을 입에 넣을 때 그릇 가까이로 고개를 숙이지 않습니다.
3	
4	

2 여러분 나라나 고향의 식사 예절은 한국과 어떻게 다릅니까?

> **예** 한국은 그릇을 식탁 위에다가 놓고 먹지만 제 고향에서는 그릇을 들고 먹습니다. 식사 도구도 다릅니다. 고향에서는 …

3 다음 질문에 대답해 봅시다.

1) 여러분 나라나 고향에서 지켜야 하는 식사 예절은 무엇입니까?

	한국	고향
식사 인사	식사 전: "잘 먹겠습니다." 식사 후: "잘 먹었습니다."	
식사 도구 사용	수저를 양손에 쥐고 먹지 않는다.	
식사를 할 때	입안에 음식을 넣고 말하지 않는다.	
차나 술을 마실 때	어른이 술을 주시면 두 손으로 받는다.	

2) 친구들의 이야기를 듣고 새롭게 알게 된 식사 예절에 대해 말해 봅시다.

> **예** 닐 씨의 고향에서는 빵을 먹을 때 꼭 손으로 떼어 먹어야 한대요. 그리고 식사를 할 때 양손을 식탁 위에다가 올려놓는 것이 예의라고 해요.

1 다음을 듣고 맞으면 O, 틀리면 X 하십시오. 

1) 여자는 더운 날 삼계탕을 먹는 게 여전히 이해가 안 된다. ( )

2) 여자는 남자에게 쌈을 싸서 먹는 방법을 알려 줬다. ( )

3) 남자는 젓가락 사용이 익숙해져서 이제 실수를 하지 않는다. ( )

4) 남자는 음식이 매울까 봐 걱정하고 있다. ( )

2 다음을 듣고 질문에 답하십시오. 

1 다음 중 들은 내용과 같은 것을 고르십시오.

① 여자는 요리 교실에서 김치를 담그는 방법을 배웠다.

② 여자는 남자에게 김치 담그는 방법을 설명하고 있다.

③ 남자는 지금까지 김치의 맛은 다 똑같다고 생각했다.

④ 남자는 오늘 여자에게 김장 문화에 대해 처음 들었다.

2 지역별 김치의 맛은 어떻게 다릅니까?

㉠ 북부: _______________________ ㉡ 남부: _______________________

3 다음을 듣고 질문에 답하십시오.

1 다음 중 들은 내용과 같은 것을 고르십시오.

① 남자의 고향에서는 반찬을 추가하면 돈을 더 내야 한다.

② 남자는 한상차림보다 음식이 코스로 나오는 걸 선호한다.

③ 여자는 얼마 전에 한정식 집에서 한상차림의 식사를 했다.

④ 여자는 반찬을 여럿이 같이 먹는 문화를 마음에 들어 한다.

2 한상차림과 코스 요리의 장점과 단점은 무엇입니까?

	한상차림	코스 요리
장점	㉠	㉡
단점	㉢	㉣

4 다음을 듣고 질문에 답하십시오. 

1 미역국에 대한 설명으로 맞지 않는 것을 고르십시오.

① 미역국은 손이 많이 가는 음식이다.
② 소고기 대신 해산물을 넣어도 된다.
③ 오래 끓이면 끓일수록 맛이 좋아진다.
④ 한국인의 생일상에 빠지지 않는 음식이다.

2 아기를 낳은 산모에게 미역국이 좋은 이유는 무엇입니까?

____

3 미역국을 끓이는 방법을 순서대로 쓰십시오.

> ㉠ 냄비에 참기름을 두르고 소고기, 마늘을 넣고 볶는다.
> ㉡ 불린 미역을 3cm 정도로 썰고 고기는 핏물을 빼 둔다.
> ㉢ 소고기가 익으면 미역과 간장을 넣고 더 볶다가 물을 붓는다.
> ㉣ 미역에다가 물을 부어 미역을 불린다.
> ㉤ 국물이 끓으면 약한 불로 줄여 조금 더 끓이고 소금으로 간을 한다.

(㉣) → (   ) → (   ) → (   ) → (   )

4 들은 내용을 요약해서 말해 봅시다.

5 다음 질문에 대답해 봅시다.

1) 여러분 고향에서는 생일에 먹는 특별한 음식이 있습니까?

2) 고향에서 특별한 날(시험, 결혼식 등)에 먹는 음식이 있습니까?

1 다음 질문에 대답해 봅시다.

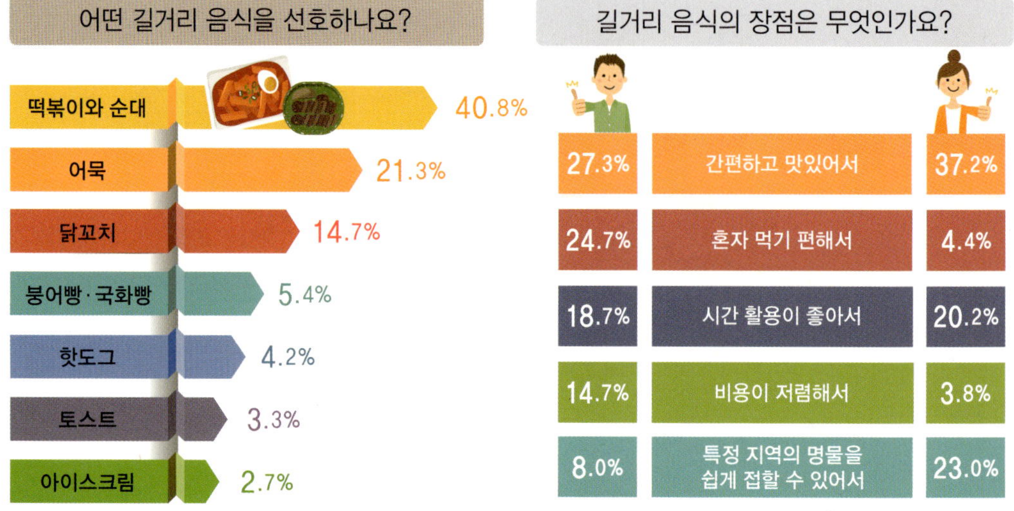

1) 한국인이 좋아하는 길거리 음식은 무엇인가요? 길거리 음식은 어떤 점이 좋은가요?

2) 여러분 고향에서는 어떤 길거리 음식이 유명한가요? 이유는 무엇인가요?

2 다음 글을 읽어 봅시다.

국민 간식 떡볶이

한국 길거리 음식의 대명사인 떡볶이, 쫄깃하고 매콤한 떡볶이는 남녀노소 누구에게나 사랑받는 한국인의 소울 푸드다. 떡볶이는 가래떡을 적당한 크기로 잘라 여러 가지 채소를 넣고 양념을 하여 볶은 음식을 말하는데 분식집과 노점, 편의점 등 어디에서나 떡볶이를 맛볼 수 있다.

오늘날 떡볶이는 대중적인 음식이지만 원래는 궁중에서만 먹는 귀한 음식이었다. 간장 양념에다가 재워 둔 소고기를 떡과 같이 볶아서 만들었기 때문에 매운 맛이 아니었으며, '궁중떡볶이'로 불린다. 요즘 우리가 즐겨 먹는 고추장떡볶이는 한국 전쟁 직후에 개발된 음식이다. 한국 전쟁 직후에 미국에서 대량으로 밀가루가 들어와 저렴한 밀가루 떡을 만들 수 있게 되었다. 이 밀가루 떡을 고추장으로 양념하여 끓여 판매하기 시작한 것이 지금의 고추장떡볶이다. 고추장떡볶이가 본격적으로 유행하며 대중적인 음식으로 사랑받기 시작한 것은 1970년대에 들어서부터이다. 당시 인기 라디오 방송 프로그램에 소개되면서 전국적으로 떡볶이 가게가 생겨나며 지금의 국민 음식이 되었다.

떡볶이의 특징은 다양성이다. 추가하는 재료와 양념, 만드는 방법에 따라 다양한 맛의 떡볶이로 변신이 가능하다. 고추장떡볶이가 매울까 봐 먹지 못했다면 고추장 대신 다른 양념을 넣으면 된다. 짜장을 넣어서 만드는 짜장떡볶이, 치즈를 넣어서 만드는 치즈떡볶이, 기름에 볶아서 만드는 기름떡볶이, 그리고 다 먹고 나면 남은 양념에다가 밥도 비벼 먹을 수 있는 즉석 떡볶이 등 기호에 맞는 재료와 방법으로 나만의 떡볶이를 만들 수 있다.

요즘에는 한류의 영향으로 떡볶이를 찾는 외국인도 늘고 있다. 그러나 아직까지 떡볶이는 외국인에게는 낯선 한국 음식이다. 떡볶이를 세계화하기 위해서는 어떻게 하면 외국인들의 기호와 입맛에 맞출 수 있을지 연구하고 장점을 살려 개발해야 할 것이다. 떡볶이가 한국을 넘어 해외에서도 사랑받는 음식이 되기를 기대해 본다.

3 위의 글을 읽고 질문에 대답해 봅시다.

1 윗글의 내용과 맞으면 O, 틀리면 X 하십시오.

① 궁중떡볶이는 간장으로 맛을 내서 맵지 않다. ( )
② 고추장떡볶이는 한국 전쟁 전에 만들어진 음식이다. ( )
③ 떡볶이가 유행하기 시작한 것은 1970년대부터이다. ( )
④ 떡볶이를 세계화하려면 전통적인 맛을 유지해야 한다. ( )

2 떡볶이의 가장 큰 특징은 무엇입니까?

4 다음 주제로 작문을 하십시오.

주제: 내가 좋아하는 길거리 음식

1 좋아하는 길거리 음식은 무엇입니까?

2 그 음식은 무엇으로 만듭니까?

3 그 음식은 어떻게 만듭니까?

학습 목표

1 **취업 목표와 준비**

어휘 | 성격 유형, 직업관
문법 | -(으)ㄹ 바에야, -아/어야
대화 | 취업 목표와 준비 방법 상담하기
말하기 | 취업 모의 면접 해 보기

2 **직장인이 바라는 회사 생활**

어휘 | 직장 업무, 부서 및 직위
문법 | -더라도, -다(가) 보면
대화 | 업무 갈등 조언하기
말하기 | 좋은 직장에 대한 의견 말하기

3 **직장 생활 – 활동**

듣고 말하기 | 평생직장에 대해 듣고 말하기
읽고 쓰기 | 한국 직장 문화에 대한 글 읽고 쓰기

SOLO ECONOMY MARKETING PLAN
[1인가구 주소비분야]
요식업 매출 비중 높음
문화
뷰티
의류/잡화
외식/식료품
60대
40대
30대
20대
40%
50%
45%
50%
59%
0% 10% 20% 30% 40% 50% 60% 70%
[1인가구 주소비분야]

1 취업 목표와 준비

면접관이 뽑은 최악의 면접은?

1 면접관은 지원자의 어떤 행동을 싫어합니까?

2 여러분은 면접시험에서 어떤 실수를 했습니까?

1 다음 표현을 공부하고 빈칸에 맞게 써 봅시다.

이성적이다	외향적이다	적극적이다	꼼꼼하다
감성적이다	내성적이다	소극적이다	덜렁대다

1) 예술가는 보통 사람보다 _______________ 능력이 뛰어나다.

2) 내 친구는 일 처리가 _______________ 어떤 일을 맡겨도 믿을 수 있다.

3) 나는 차분한 언니와 달리 조금 _______________ 편이어서 실수가 많다.

4) 그는 말수가 적고 _______________ 성격이어서 주변에 친구가 별로 없다.

5) 사회생활을 잘하려면 힘든 일도 앞장서서 하는 _______________ 태도가 필요하다.

2 다음 표현을 공부하고 서로 관계있는 것을 연결해 봅시다.

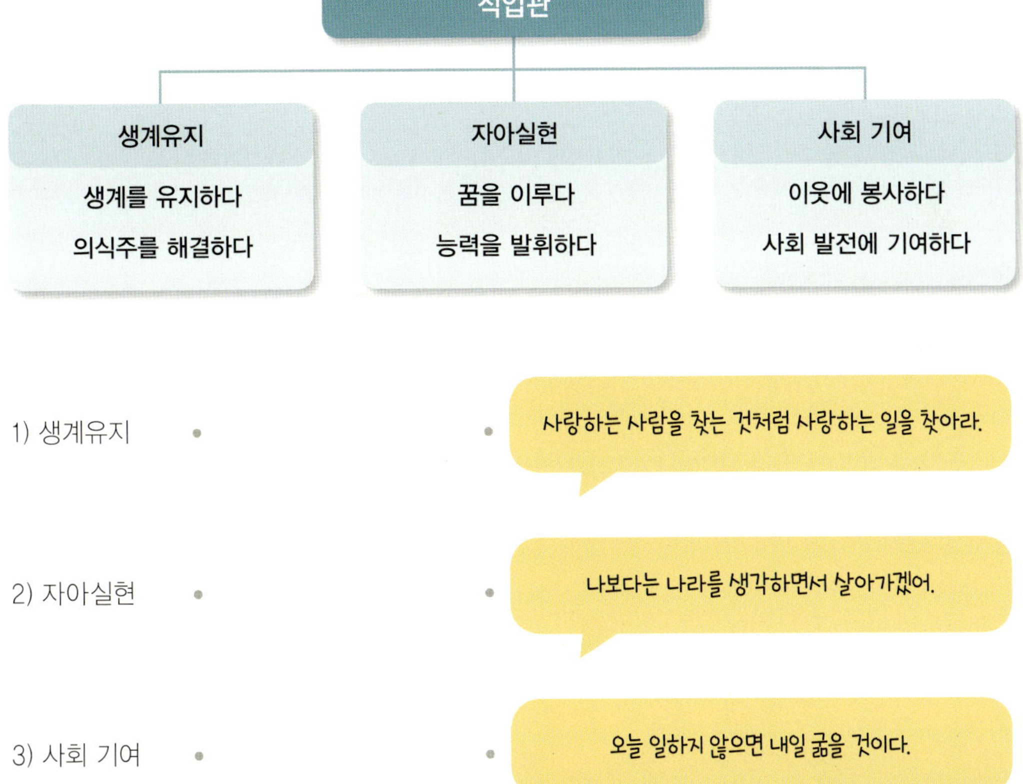

1) 생계유지 •

2) 자아실현 •

3) 사회 기여 •

1. -(으)ㄹ 바에야

예문
- 이렇게 후회할 바에야 실패해도 한 번 더 도전하겠다.
- 답답한 아파트에 살 바에야 불편해도 넓은 주택에 살겠다.

1 '-(으)ㄹ 바에야'를 사용해서 문장을 완성해 봅시다.

보기 복잡한 놀이공원에 갈 바에야 집에 그냥 있겠어요.

1) 복잡한 놀이공원에 가다   혼자서 하다

2) 그 사람에게 부탁하다   설거지를 하다

3) 매일 야근하다   집에 그냥 있다

4) 청소하다   회사를 그만두다

2 '-(으)ㄹ 바에야'를 사용해서 대답해 봅시다.

1) 그 사람하고 결혼하지 그래요? (독신으로 살다)

2) 오늘 다 같이 외식할까요? (집에서 만들어 먹다)

3) 힘들면 부모님께 고민을 말해 보세요. (선생님께 고민을 말하다)

4) 지우 씨가 왜 이렇게 안 올까요? 계속 기다릴까요? (먼저 출발하다)

3 '-(으)ㄹ 바에야'를 사용해서 두 회사 중에 어떤 회사에서 일하고 싶은지 말해 봅시다.

집에서 먼 회사	야근이 많은 회사	월급이 적은 회사
상사가 무서운 회사	업무가 어려운 회사	개성을 무시하는 회사

2. -아/어야

예문
- 복장이 단정해야 면접에 유리하다.
- 졸업반 학생이어야 이번 취업 설명회에 참가할 수 있다.

1 '-아/어야'를 사용해서 문장을 완성해 봅시다.

> **보기**　한국어를 잘하다/ 한국 회사에 들어갈 수 있다
>
> → 한국어를 잘해야 한국 회사에 들어갈 수 있어요.

1) 책을 많이 읽다/ 좋은 글을 쓰다　→ ________________________.

2) 집이 깨끗하다/ 마음이 편안하다　→ ________________________.

3) 음식이 맛있다/ 장사가 잘되다　→ ________________________.

4) 웃는 얼굴이다/ 첫인상이 좋아 보이다　→ ________________________.

2 '-아/어야'를 사용해서 대답해 봅시다.

1) 어떻게 하면 은영 씨처럼 피부가 좋아질 수 있어요? (물을 많이 마시다)

2) 친구를 많이 사귀려면 어떻게 해야 해요? (적극적이다)

3) 저는 일을 할 때 덜렁대다가 실수를 많이 해요. (성격이 꼼꼼하다)

4) 졸업 후에 어떤 일을 하면 행복할까요? (좋아하는 일을 하다)

3 '-아/어야'를 사용해서 취업 성공을 위해 필요한 조건에 대해서 말해 봅시다.

학점이 높다　　경험이 많다

자격증을 따 놓다　　인턴십을 하다

> 학점이 높아야 취업에 성공할 수 있어요.

제3과 직장 생활

로안	선배님, 취직 축하해요. 취업하기가 하늘의 별 따기라는데 정말 대단해요.
선배	고마워. 너도 나중에 한국 회사에 취업하고 싶다고 했지?
로안	저는 그러고 싶은데 부모님께서는 제가 고향에 돌아와 공무원이 되기를 바라세요. 그래서 요즘 진로 문제로 고민이 커요.
선배	그렇게 걱정만 하고 있을 바에야 부모님께 네 생각을 솔직하게 말씀드리지 그래? 그럼 부모님도 널 믿고 응원해 주시지 않을까?
로안	네, 알겠어요. 그런데 한국 회사에 취업하려면 어떤 준비를 해야 해요?
선배	무엇보다 한국어를 잘해야지. 그리고 컴퓨터나 관련 분야의 자격증을 따 두어야 취업에 유리해.
로안	준비할 게 생각보다 많네요. 제가 잘할 수 있을지 모르겠어요.
선배	너는 모든 일에 적극적이고 성격도 외향적이니까 잘할 수 있을 거야. 취업 스터디 모임에 가면 도움을 받을 수 있으니까 한번 가 보도록 해.

1 **다음 질문에 대답해 봅시다.**

1) 로안 씨는 왜 선배가 대단하다고 생각합니까?

2) 로안 씨의 부모님은 로안 씨가 어떤 일을 하기를 바랍니까?

3) 선배는 로안 씨의 고민에 대해 어떤 조언을 해 주었습니까?

4) 한국 회사에 합격하려면 어떤 준비가 필요합니까?

2 다음 표현을 공부하고 빈칸에 맞게 써 봅시다.

하늘의 별 따기	공무원	응원하다	대단하다
솔직하다	유리하다	스터디 모임	진로	자격증을 따다

1) 어제 야구 경기에서 내가 ________________ 팀이 져서 속상하다.

2) 대기업에 들어가는 것은 ________________ 어렵다.

3) 나는 주말마다 ________________ 하면서 면접시험을 준비한다.

4) 잘못을 했을 때에는 거짓말을 하지 말고 ________________ 말해야 한다.

3 다음 문장을 발음에 주의하여 읽어 봅시다.

- 그럼 부모님도 널 **믿고 응원해** 주시지 않을까?

- 컴퓨터나 **관련** 분야의 **자격증을** 따 두어야 취업에 유리해.

- 너는 모든 일에 **적극적이고** 성격도 **외향적이니까** 잘할 수 있을 거야.

4 다음 상황에 맞게 대화 연습을 해 봅시다.

후배	선배
부모님과 취업에 대한 생각 차이로 갈등을 겪고 있어서 이에 대해 상담한다.	최근 취업에 성공하여 자신의 취업 준비 방법을 후배에게 조언한다.

-(으)ㄹ 바에야
-아/어야

취업 축하 인사

↓

부모님과의 갈등 상황

↓

갈등 상황에 대한 조언

↓

취업에 대한 조언

1 다음을 보고 질문에 대답해 봅시다.

1) 기업에 입사하기 위해서는 어떤 과정을 통과해야 합니까?

2) 여러분 나라의 기업 채용 과정은 어떻습니까?

2 다음 회사의 면접시험에서 어떤 질문을 하면 좋을지 이야기해 봅시다.

게임 회사	호텔	여행사
항공사	외국어 유치원	무역 회사

지원 회사	

평가 항목	질문 내용
적성	OO 씨는 어떤 성격을 가지고 있습니까? 그런 성격이 우리 회사에서 일할 때 어떤 도움이 된다고 생각합니까?
능력	
태도	
직업관	
기타	

3 면접관과 지원자가 되어 취업 면접을 해 봅시다.

지원 회사	

지원자 정보	
이름	
경력	
자격증	
외국어 능력	
기타	

평가표					
적합 여부	매우 그렇다	그렇다	보통이다	아니다	매우 아니다
적성	☐	☐	☐	☐	☐
능력	☐	☐	☐	☐	☐
태도	☐	☐	☐	☐	☐
직업관	☐	☐	☐	☐	☐
기타	☐	☐	☐	☐	☐

면접 결과	
합격 여부	주요 평가 내용
☐ 합격 ☐ 불합격	

2 직장인이 바라는 회사 생활

1 사람들이 생각하는 좋은 직장은 어떤 곳입니까?

2 여러분은 직장을 선택할 때 무엇을 중요하게 생각합니까?

1 다음 표현을 공부하고 빈칸에 맞게 써 봅시다.

보고하다	담당하다	출장을 가다
결재를 받다	업무를 처리하다	보고서를 작성하다

1) 다음 달에 과장님과 해외로 _________________________ 예정이다.

2) 휴가 기간 동안 _________________________ 못해서 할 일이 쌓여 있다.

3) 나는 이번에 신입 사원을 교육하는 업무를 _________________________ 되었다.

4) 신제품 개발에 대한 _________________________ 내일까지 부장님께 제출해야 한다.

2 다음 표현을 공부하고 질문에 대답해 봅시다.

부서	
인사부	직원의 채용, 연수, 승진 등을 담당한다.
회계부	회사 자금을 관리하고 급여를 계산한다.
영업부	생산한 제품의 판매와 관련된 일을 한다.
기획부	회사의 경영 목표와 전략 등을 계획한다.
총무부	시설 및 비품 관리, 직원 복지를 담당한다.
홍보부	회사 이미지를 관리하고 알리는 일을 한다.

직위	
부장	사장
차장	부사장
과장	전무
대리	상무
주임	
사원	이사
직원	임원

1) 부서에서 가장 높은 사람의 직위는 무엇입니까?

2) 회사에서 가장 높은 사람의 직위는 무엇입니까?

3) 여러분은 회사의 어떤 부서에서 일하고 싶습니까?

4) 여러분은 어떤 부서가 적성에 맞을 것 같습니까?

1. -더라도

예문
- 아무리 부자더라도 돈으로 건강을 살 수 없다.
- 그는 어디에 가더라도 사람들과 쉽게 친해진다.

1 '-더라도'를 사용해서 문장을 바꿔 봅시다.

> **보기**　실패해도 포기하지 않겠어요.　→　실패하더라도 포기하지 않겠어요.

1) 입맛이 없어도 아침을 꼭 드세요.　→ _________________________.

2) 내일 비가 와도 여행을 갈 거예요.　→ _________________________.

3) 아무리 천재여도 이 문제는 풀 수 없어요.　→ _________________________.

4) 나이가 어려도 책임을 다해야 해요.　→ _________________________.

2 '-더라도'를 사용해서 대답해 봅시다.

1) 지우 씨는 예의가 바른 것 같아요. (언제 만나다/ 웃으며 인사하다)

2) 이번 신제품은 디자인이 예뻐서 잘 팔릴 것 같아요. (어디에서 팔다/ 잘 팔리다)

3) 우리 반 페이 씨는 항상 열심히 하는 것 같아요. (무엇을 하다/ 적극적이다)

4) 사토 씨가 새 부서에 잘 적응할 수 있겠죠? (어떤 부서에 가다/ 잘 지내다)

3 '-더라도'를 사용해서 회사 생활이 다음과 같으면 어떻게 할지 친구와 이야기해 봅시다.

매일 야근한다.　　상사에게 자주 혼난다.

후배가 먼저 승진한다.　　해외에서 일해야 한다.

2. –다(가) 보면

예문
- 꾸준히 연습하다가 보면 발음이 좋아질 것이다.
- 매일 야근하다 보면 건강이 나빠질 것이다.

1 '–다(가) 보면'을 사용해서 문장을 완성해 봅시다.

1) 고기만 먹고 야채는 안 (먹다)_______________________ 살이 찔 거예요.

2) 외국에서 혼자 (살다)_______________________ 가족의 소중함을 알게 될 거예요.

3) 입사 시험을 잘 (준비하다)_______________________ 언젠가 합격할 수 있을 거예요.

4) 해외여행을 자주 (다니다)_______________________ 많은 경험을 쌓을 수 있어요.

2 '–다(가) 보면'을 사용해서 대답해 봅시다.

1) 한국어 뉴스를 아무리 들어도 이해를 못 하겠어요. (계속 듣다/ 이해하다)

2) 룸메이트하고 아직 친해지지 않아서 어색해요. (자주 이야기하다/ 친해지다)

3) 요즘 일 때문에 스트레스가 심해요. (취미 생활을 하다/ 스트레스가 풀리다)

4) 오늘 수업 끝나고 친구와 놀기로 했어요. (그렇게 매일 놀다/ 성적이 떨어지다)

3 '–다(가) 보면'을 사용해서 회사 생활에서 생길 수 있는 일에 대해 친구와 이야기해 봅시다.

회사 생활을 하다가 보면….	긍정적인 일	부정적인 일

김 대리 사토 씨, 홍보부에서 영업부로 오니 힘든 점이 많죠?

사 토 네. 외근이나 지방 출장이 많아서 체력이 많이 달리네요.

김 대리 영업부니까 그럴 수밖에 없죠. 업무도 달라져서 배워야 할 것도 많을 테고요. 어렵더라도 참고 힘내서 일하도록 해요.

사 토 일이 많은 것은 이해할 수 있는데 사실 박 대리님 때문에 스트레스가 커서 어떻게 해야 할지 모르겠어요.

김 대리 박 대리가 왜요? 무슨 일 있는 거예요?

사 토 다른 동료들보다 제 실적이 낮아서 그런지 저에게 잔소리를 많이 하세요.

김 대리 영업부는 무엇보다 실적이 중요하잖아요. 조금 더 적극적으로 영업 업무를 하다가 보면 실적도 올라가고 박 대리와의 관계도 좋아질 거예요.

사 토 네, 대리님. 저도 조금 더 노력해 볼게요. 좋은 말씀 해 주셔서 고맙습니다.

---

1 다음 질문에 대답해 봅시다.

1) 사토 씨는 영업부에 오기 전 어떤 부서에서 일했습니까?

2) 김 대리는 힘들어하는 사토 씨에게 어떤 위로를 해 주었습니까?

3) 사토 씨가 스트레스를 받는 이유는 무엇입니까?

4) 김 대리는 어떻게 하면 사토 씨와 박 대리와의 관계가 좋아질 수 있다고 했습니까?

2 다음 표현을 공부하고 빈칸에 맞게 써 봅시다.

외근	지방 출장	체력이 달리다
참다	실적	동료	잔소리를 하다

1) 영화 내용이 너무 슬퍼서 눈물을 ________________________ 수 없었다.

2) 작년에 우리 회사의 ________________________ 예상보다 낮았다고 한다.

3) 나는 서울에서 부산으로 ________________________ 갈 때마다 KTX를 이용한다.

4) 요즘 걷는 것도 힘들 정도로 ________________________ 건강식을 챙겨 먹고 있다.

3 다음 문장을 발음에 주의하여 읽어 봅시다.

- 외근이나 지방 **출장이** 많아서 체력이 **많이 달리네요.**

- **실적도** 올라가고 박 대리와의 관계도 **좋아질 거예요.**

- **좋은** 말씀 해 주셔서 **고맙습니다.**

4 다음 상황에 맞게 대화 연습을 해 봅시다.

회사 후배	회사 선배
새로 이동한 부서의 업무나 상사/동료 때문에 힘들어서 선배에게 조언을 구한다.	힘들어하는 회사 후배를 위로하고 조언을 한다.

1 다음을 보고 질문에 대답해 봅시다.

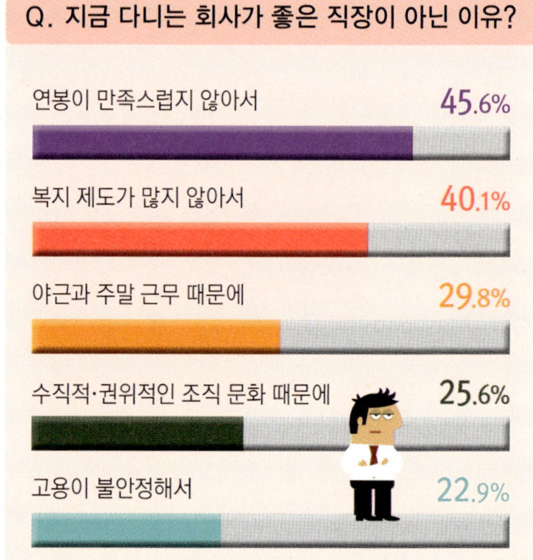

1) 사람들은 지금 다니는 회사의 어떤 점을 만족스러워합니까?

2) 사람들은 지금 다니는 회사의 어떤 점을 불만족스러워합니까?

3) 여러분은 어떤 곳이 좋은 직장이라고 생각합니까? 그 이유는 무엇입니까?

4) 안 좋은 직장이라고 생각하는 곳은 어떤 곳입니까? 그 이유는 무엇입니까?

2 여러분이 생각하는 좋은 직장에 대해 말해 봅시다.

좋은 직장의 조건			
회사 규모	☐ 대기업	☐ 중견 기업	☐ 중소기업
연봉	☐ 3,000만 원 이상	☐ 7,000만 원 이상	☐ 1억 원 이상
근무 시간	☐ 주 5일 근무	☐ 주 4일 근무	☐ 주 3일 근무
복지 제도			
회사 분위기			
기타			

3 친구와 함께 '꿈의 직장'을 만들어 보고 이야기해 봅시다.

1) 친구와 함께 '꿈의 직장'을 만들어 보고 발표해 봅시다.

조건	나	친구
회사 규모		
연봉		
근무 시간		
복지 제도		
회사 분위기		
기타		

↓

꿈의 직장

2) 친구들의 발표를 듣고 이야기해 봅시다.

1 친구들이 발표한 '꿈의 직장' 중에 어떤 곳이 가장 마음에 듭니까? 그 이유는 무엇입니까?

2 친구들이 발표한 '꿈의 직장' 중에 일하고 싶지 않은 곳이 있습니까? 그 이유는 무엇입니까?

1 다음을 듣고 맞으면 O, 틀리면 X 하십시오. 🎧 21 ~ 24

1) 여자는 학력이 높아야 취업을 할 수 있다고 생각한다. ( )

2) 남자는 퇴근 후에도 업무 메시지를 보낼 수 있다고 생각한다. ( )

3) 여자는 결재 서류를 남자에게 잘못 전달하였다. ( )

4) 여자는 경쟁률이 높아서 이번 공무원 시험에 불합격하였다. ( )

2 다음을 듣고 질문에 답하십시오. 🎧 25

1 다음 중 들은 내용과 같은 것을 고르십시오.

① 여자가 호칭을 잘못 말해서 부장님이 기분 나빠했다.

② 남자는 회의 시간에 자신의 의견을 잘 전달하는 편이다.

③ 호칭 문화를 바꾼 기업의 직원들은 이를 긍정적으로 평가한다.

④ 두 사람이 다니는 회사는 올해부터 직위 대신 영어 이름을 부른다.

2 기업에서 호칭 문화를 바꾸려고 하는 이유는 무엇입니까?

____

3 다음을 듣고 질문에 답하십시오. 🎧 26

1 다음 중 들은 내용과 다른 것을 고르십시오.

① 예전 기업에서는 자신감을 갖고 도전하는 인재들을 선호했다.

② 시대에 따라 기업이 뽑고 싶어 하는 인재상이 달라지고 있다.

③ 회사에서 직원 간 소통 부족으로 갈등이 생기는 경우가 많다.

④ 최근에는 소통 능력보다 전문성을 중시하는 기업이 많아졌다.

2 직원들 간에 소통이 잘 이루어지면 어떤 점이 좋습니까?

____

4 다음을 듣고 질문에 답하십시오.

1 '평생직장'은 어떤 직장을 말합니까?

____

2 다음 표를 완성하십시오.

이직 사유

1위	㉠
2위	일이 적성에 맞지 않아서
3위	㉡

3 이 사람은 왜 이직을 생각해 본 적이 없습니까?

____

4 들은 내용을 요약해서 말해 봅시다.

5 다음 질문에 대답해 봅시다.

1) 여러분들은 '평생직장'이 있다고 생각하십니까?

2) 여러분들이 생각하는 '평생직장'은 어떤 곳입니까?

1 다음 질문에 대답해 봅시다.

회식 문화

선후배 문화

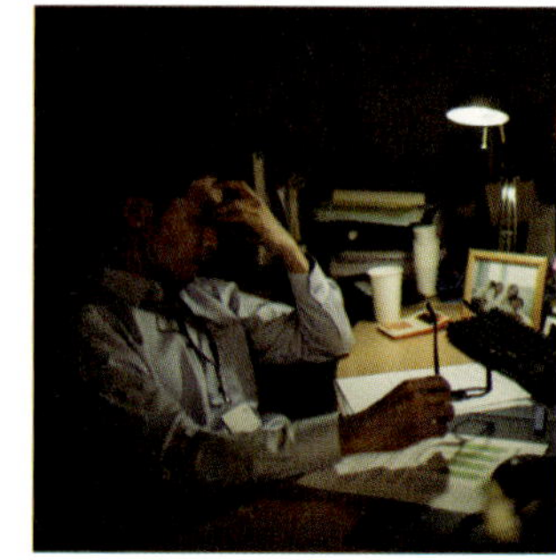

야근 문화

1) 한국의 직장 문화 중에서 긍정적이라고 생각하는 것은 뭔가요?

2) 여러분 나라에도 한국의 직장 문화와 비슷한 문화가 있나요?

2 다음 글을 읽어 봅시다.

외국인이 본 한국의 직장 문화

경제 발전과 한류 문화의 영향으로 한국에 대한 관심이 늘면서 한국 기업에 취업하거나 취업을 꿈꾸는 외국인들이 늘고 있다. 현재 한국에서 일하고 있는 외국인 근로자가 50만 명을 넘을 만큼 한국 기업에 대한 그들의 관심은 뜨겁다. 그런데 외국인들이 한국에서 일하다가 보면 느끼는 한국 직장만의 특징이 있다. 그들이 입을 모아 이야기하는 한국만의 독특한 직장 문화에는 어떤 것들이 있는지 알아보자.

외국인들이 가장 낯설어하는 한국 직장 문화는 바로 야근이다. 일반적으로 본인의 업무가 남았거나 급히 처리해야 할 일이 생겨야 야근을 한다고 생각하지만 한국의 야근 문화는 본래의 목적과 다른 부분이 있다. 보통 한국 회사에서는 상사가 퇴근하지 않으면 직원들이 퇴근하지 않고 자리를 지키고 있는 경우가 많다. 아직 직원들 간의 상하 관계가 뚜렷한 한국 회사에서는 상사의 퇴근 시간이 곧 아랫사람의 퇴근 시간이 되는 것이다.

회식 문화도 외국인들이 낯설게 느끼는 직장 문화 중 하나이다. 회식은 보통 직원들 간의 친목과 단합을 위해 모두가 즐거워하는 분위기에서 이루어지기 때문에 이를 좋아하는 외국인이 많다. 그렇지만 집에 가서 휴식을 취하고 싶더라도 무조건 참석해야 하는 회식 문화나 늦은 시간까지 이어지는 일부 한국 기업의 회식 문화에 반감을 가지기도 한다. 이런 한국의 회식 문화에 대해 한 외국인은 밤늦게까지 회식을 할 바에야 야근을 하는 게 낫다고 말하기도 한다.

하지만 외국인들이 매우 긍정적인 시선을 보내는 직장 문화가 있다. 바로 선후배 문화이다. 한국 회사에서는 신입 사원이 입사하면 회사 생활에 적응할 수 있도록 선배나 상사가 후배를 책임지고 교육하거나 조언을 해 주기도 한다. 외국에서도 회사 선배들이 일을 처음 시작하는 직원들을 교육하지만 한국 회사에서처럼 책임 의식을 갖고 후배를 챙기는 모습은 찾아보기 어렵다. 이런 면에서 외국인들은 한국의 선후배 문화를 긍정적으로 느낀다고 한다.

3 **위의 글을 읽고 질문에 대답해 봅시다.**

1 윗글의 내용과 맞으면 O, 틀리면 X 하십시오.

① 한국 기업에 대한 관심은 한국에 대한 관심으로 이어졌다. ( )

② 한국 회사에서는 일반적으로 상사보다 늦게 퇴근한다. ( )

③ 대부분의 한국 회사 회식은 밤늦게까지 이어진다. ( )

④ 외국인들은 한국의 선후배 문화를 부정적으로 생각한다. ( )

2 한국 회사에서 선배들은 신입 사원이 들어왔을 때 어떻게 해 줍니까?

____

4 **다음 주제로 작문을 하십시오.**

주제: 우리나라 직장 문화의 장점과 단점

1 여러분 나라의 직장 문화 중 긍정적인 문화는 무엇입니까?

2 여러분 나라의 직장 문화 중 부정적인 문화는 무엇입니까?

3 부정적 직장 문화를 어떻게 바꾸는 것이 좋겠습니까?

4 한국의 명소

MP3 Streaming

학습 목표

1 테마별 명소

어휘 | 주제별 명소, 명소의 특징
문법 | 치고, -기로는
대화 | 한국의 주제별 명소 소개하기
말하기 | 주제별 명소 추천하기

2 문화 유적과 국가유산

어휘 | 국가유산의 유형, 국가유산 보존
문법 | -던, -는 김에
대화 | 한국의 역사 문화 유적 소개하기
말하기 | 각국의 세계문화유산 소개하기

3 한국의 명소 – 활동

듣고 말하기 | 명소와 문화 유적지에 대해 듣고 말하기
읽고 쓰기 | 주요 도시에 대한 글 읽고 쓰기

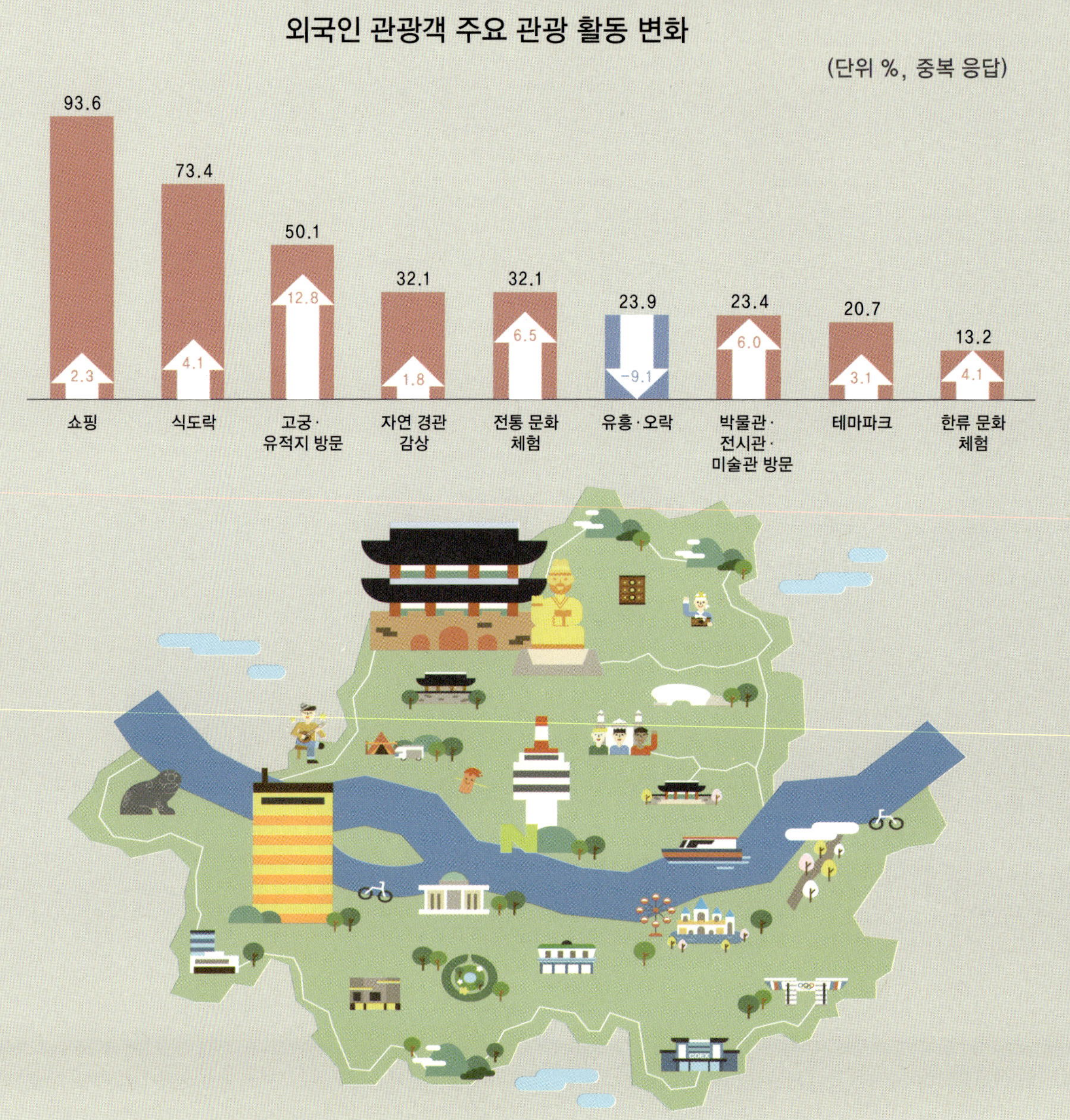

1 외국인들이 한국에서 여행하는 목적이 무엇입니까?

2 여러분은 한국의 명소 중에서 어디에 가 보고 싶습니까? 거기에서 무엇을 하고 싶습니까?

1 다음 표현을 공부하고 서로 관계있는 것을 연결해 봅시다.

1) 명승지	• •	설악산
2) 빙어 축제	• •	해운대
3) 드라마 촬영지	• •	남이섬
4) 유채꽃 축제	• •	인제
5) 피서지	• •	제주도
6) 벚꽃 축제	• •	이천
7) 도자기 축제	• •	진해

2 다음 표현을 공부하고 빈칸에 맞게 써 봅시다.

발길이 끊이지 않다	인기를 끌다	축제가 열리다
볼거리가 많다	관광객으로 붐비다	관광 자원이 풍부하다

1) 그 지역은 적극적인 홍보 덕분에 항상 _________________________.

2) 유명 관광지에는 일 년 내내 관광객들의 _________________________.

3) 경기도 이천에서는 매년 도자기 _________________________ 관광 수입을 얻고 있다.

4) 그 콘서트는 요즘 _________________________ 아이돌 가수를 직접 볼 수 있어서 정말 좋았다.

1. 치고

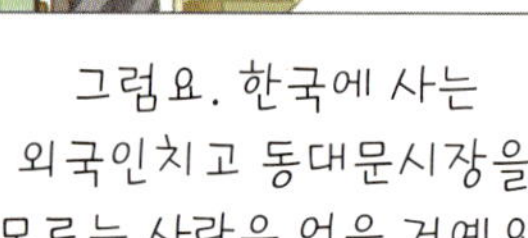

예문
- 한국인치고 김치를 싫어하는 사람은 없을 거예요.
- 대도시치고 물가가 비싸지 않은 곳이 없다.

1 '치고'를 사용해서 문장을 바꿔 봅시다.

> **보기** 직장인들은 누구나 다 휴가를 기다려요.
>
> → 직장인들치고 휴가를 기다리지 않는 사람은 없어요.

1) 아이들은 누구나 다 초콜릿을 좋아해요. → ______________________________ .

2) 우리 반 친구들은 모두 다 공부를 열심히 해요. → ______________________________ .

3) 부모님들은 누구나 자식의 성공을 바라시죠. → ______________________________ .

2 '치고'를 사용해서 문장을 바꿔 봅시다.

> **보기** 우리 어머니는 보통의 나이 든 사람들에 비해 유행어를 많이 알아요.
>
> → 우리 어머니는 나이 든 사람치고 유행어를 많이 알아요.

1) 그 선수는 다른 농구 선수들에 비해 키가 작은 편이에요. → ______________________________ .

2) 우리 아이는 세 살인데 말을 잘하는 편이에요. → ______________________________ .

3) 올해 여름은 보통 여름보다 덥지 않아요. → ______________________________ .

3 여러분 나라나 고향에서 외국인에게 유명한 곳은 어디예요? '치고'를 사용해서 말해 봅시다.

> 명동은 외국인치고 모르는 사람이 없을 정도로 유명한 쇼핑 장소예요.

2. –기로는

예문
- 야경이 아름답기로는 서울타워가 제일이다.
- 돌잔치 선물로는 금반지가 최고예요.

1 서로 관계있는 것끼리 연결하고 '–기로는'을 사용해서 문장을 완성해 봅시다.

> **보기**   섬이 많기로는 스웨덴이 제일이에요.

1) 섬이 많다   일본

2) 인구가 많다   스웨덴

3) 나라가 넓다   인도

4) 눈이 많이 내리다   러시아

2 '–기로는'을 사용해서 대답해 봅시다.

1) 요즘 가장 인기가 많은 드라마는 뭐예요?

2) 세상에서 가장 빠른 동물은 뭐예요?

3) 외국인들이 가장 좋아하는 한국 음식은 뭐예요?

4) 유행을 가장 앞서가는 도시는 어디예요?

3 '–기로는'을 사용해서 명소에 대해 이야기해 봅시다.

> 맥주가 맛있기로는
> 독일이 최고예요.

> 외국인 관광객이 많기로는
> 태국을 따를 곳이 없는 것 같아요.

28

다니엘 서울에서 손꼽히는 명소는 어디예요? 다음 주에 제 고향 친구가 처음 한국을 방문하는데 제가 가이드를 하려고요.

은 영 그 친구는 어떤 것에 관심이 많아요?

다니엘 제 친구는 한국 드라마를 좋아해서 드라마 촬영지를 가고 싶어 할 거예요.

은 영 요즘 드라마 촬영지로 유명하기로는 이태원이 최고인데 그 친구가 좋아할 거예요.

다니엘 이태원에 가 보면 좋겠네요. 한국 드라마를 좋아하는 외국인치고 이태원을 모르는 사람은 없을 거예요.

은 영 그리고 드라마 촬영지말고 쇼핑 명소에도 한번 가 보세요. 쇼핑 장소로는 명동이 제일이잖아요. 아, 마침 요즘 명동 축제도 열리거든요.

다니엘 네. 저도 명동에 가 볼 생각이에요. 거기는 맛집도 많고 볼거리도 많으니까요.

은 영 다 좋지만 한국에 왔으니까 좀 더 한국적인 분위기를 느낄 수 있는 경복궁이나 북촌한옥마을에도 한번 가 보세요. 도시에서 전통적인 분위기를 느낄 수 있는 곳으로는 북촌한옥마을이 제일이에요.

---

1 다음 질문에 대답해 봅시다.

1) 다니엘 씨의 친구가 관심이 많은 것은 무엇입니까?

2) 다니엘 씨는 왜 친구와 이태원에 가려고 합니까?

3) 은영 씨는 어떤 점에서 명동이 좋다고 했습니까?

4) 북촌한옥마을에 가면 어떤 점이 좋습니까?

2 다음 표현을 공부하고 빈칸에 맞게 써 봅시다.

마침	손꼽히다	방문하다
분위기를 느끼다	가이드를 하다	볼거리

1) 빙어 축제에 꼭 한번 가 보고 싶었는데 ＿＿＿＿＿＿＿ 문화 수업에서 가게 되어 다행이다.

2) 인사동에 있는 찻집에 갔는데 전통적인 ＿＿＿＿＿＿＿＿＿ 수 있어서 좋았다.

3) 관광객들에게 ＿＿＿＿＿＿＿＿＿ 자격증이 있어야 한다.

4) 이천 쌀 축제에 처음 참가했는데 그 행사는 ＿＿＿＿＿＿＿＿＿ 다양했다.

3 다음 발음에 주의하여 문장을 읽어 봅시다.

- 서울에서 **손꼽히는** 명소는 어디예요?

- 드라마 **촬영지로 유명하기로는** 이태원이 최고예요.

- **전통적인 분위기를** 느낄 수 있는 곳으로는 **북촌한옥마을이** 제일이에요.

4 다음 상황에 맞게 대화 연습을 해 봅시다.

친구 1	친구 2
고향 친구에게 한국 여행 가이드를 하기 위해 명소에 대해 묻는다.	주제별 명소에 대해 소개를 해 준다.

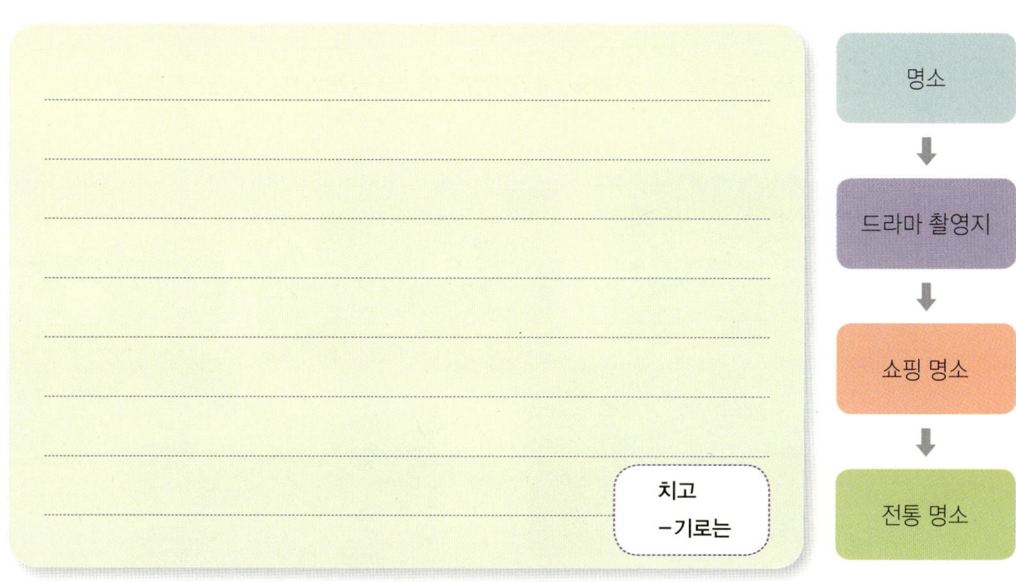

1 다음을 보고 질문에 대답해 봅시다.

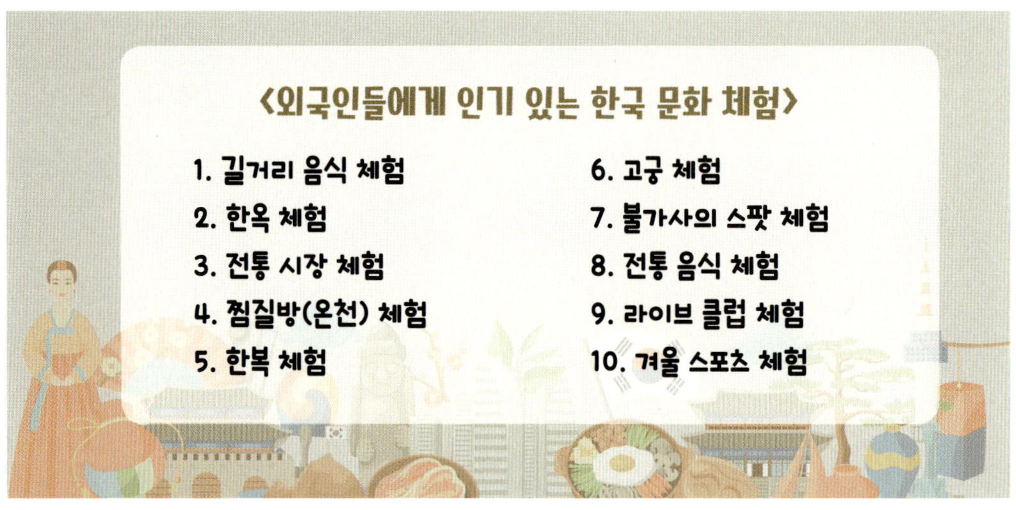

1) 외국인들에게 가장 인기 있는 한국 문화 체험은 무엇입니까?

2) 여러분은 어떤 한국 문화 체험을 해 보고 싶습니까? 어디에서 할 수 있습니까?

2 주제별 여행 명소를 알아보고 여러분이 가고 싶은 곳에 대해 이야기해 봅시다.

역사 문화	서울의 고궁, 안동, 전주, 경주 등
야경	롯데월드타워, 남산서울타워, 해운대
핫 플레이스	강남, 홍대 거리, 이태원, 부산 벽화마을
안보 역사	자유의 다리, 임진각, 디엠지(DMZ), 제3땅굴
전통 시장	서울 광장시장, 부산 자갈치시장, 속초 관광수산시장

3 다음 여행 일정을 보고 명소를 소개해 봅시다.

1) 다음 여행은 어디에서, 무엇을 할 수 있는지 말해 봅시다.

여행 테마	도심 고궁 코스
코스 내용	광화문→전쟁기념관→이태원→남산한옥마을→인사동→덕수궁 등 22개 정류장 순환 코스 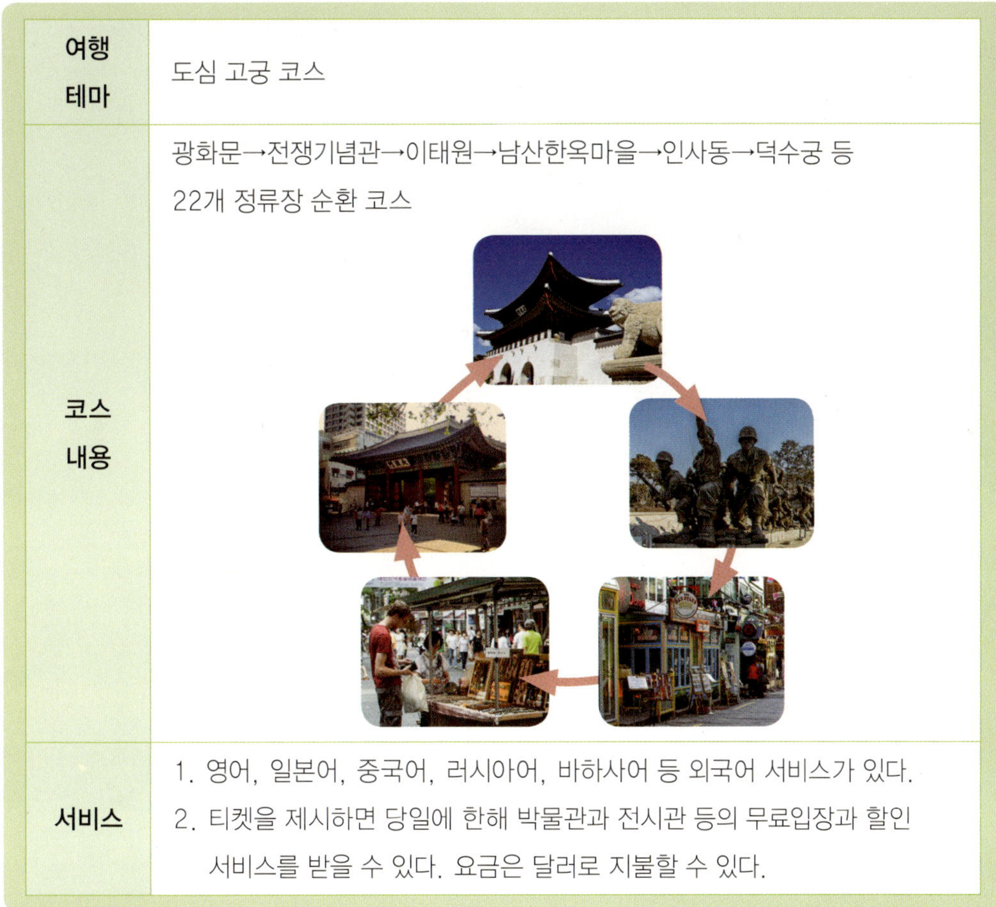
서비스	1. 영어, 일본어, 중국어, 러시아어, 바하사어 등 외국어 서비스가 있다. 2. 티켓을 제시하면 당일에 한해 박물관과 전시관 등의 무료입장과 할인 서비스를 받을 수 있다. 요금은 달러로 지불할 수 있다.

2) 가이드가 되어 여러분 나라의 명소를 소개해 봅시다.

명소 이름	
추천 이유	
주변 코스	
볼거리	
먹거리	
관광을 할 때 준비할 것	
관광을 할 때 주의할 점	

2 문화 유적과 국가유산

경주 불국사

합천 해인사 장경판전

강화 고인돌

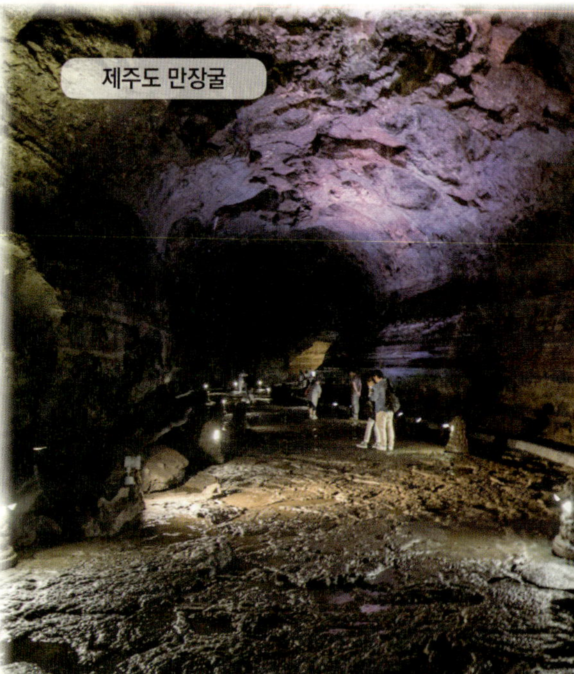

제주도 만장굴

1 여기는 어떤 곳입니까?

2 여러분은 여기에 간 적이 있습니까?

1 다음 표현을 공부하고 빈칸에 맞게 써 봅시다.

세계문화유산
왕릉　　　서원　　　유적지 고궁　　　주거지

세계자연유산
지질 공원　　　동식물 보전 지역

국가유산　　　유물　　　초가집　　　기와집

1) 불국사는 경주에 있는 사찰인데 한국 최초의 ＿＿＿＿＿＿＿＿＿ 정해졌다.

2) 안동 하회마을에 가면 조선 시대 양반들의 가옥인 ＿＿＿＿＿＿＿＿＿ 많다.

3) 이구아수 폭포는 19세기부터 알려져 현재는 유네스코 ＿＿＿＿＿＿＿＿＿ 등록되었다.

4) 서울에는 경복궁, 창덕궁 등 5개의 ＿＿＿＿＿＿＿＿＿ 있다.

2 다음 표현을 공부하고 질문에 대답해 봅시다.

지정되다　　　보전하다　　　가치가 있다/없다　　　물려주다/ 물려받다

1) 국가유산을 보전해야 하는 이유는 무엇일까요?

2) 여러분 나라에서 세계문화유산으로 지정된 것은 무엇입니까?

3) 현대 문화 중에서 후손에게 물려줄 가치가 있는 것은 어떤 것입니까?

4) 여러분 나라에서는 국가유산이 잘 보전되고 있다고 생각합니까?

1. –던

예문
- 이곳은 유물이 많이 나오던 곳인데 이제는 보호 구역으로 지정되었다.
- 우리는 관람하던 곳을 나와서 점심을 먹으러 갔다.

1 '–던'을 사용해서 문장을 완성해 봅시다.

> **보기** 말이 없던 친구가 말이 많아졌어요.

1) 친구 – 말이 없었다 ●   ● 좋아하게 되었다

2) 아이 – 콩을 싫어했다 ●   ● 말이 많아졌다

3) 우리 동네 – 조용했다 ●   ● 한국어로 강의를 듣는다

4) 나 – 한글도 몰랐다 ●   ● 변화해졌다

2 '–던'을 사용해서 대답해 봅시다.

1) 이 커피는 누가 마시던 커피예요?

2) 어제 잠자기 전에 읽던 책은 무슨 책이었어요?

3) 아까 친구와 하던 이야기는 뭐였어요?

4) 어제 저녁에 먹던 음식은 어떻게 했어요? 혹시 버렸어요?

3 '–던'을 사용해서 고향에서 자주 가던 곳에 대해 말해 봅시다.

> 제가 고향에서 친구들과 자주 가던 곳은 고궁이에요.
> 그 고궁은 지은 지 천 년이 넘은 건물이에요.

2. –는 김에

예문	•이사를 하는 김에 가구도 바꾸려고 한다. •고향에 간 김에 옛날에 한국어를 가르쳐 주신 선생님도 만났어요.

1 '–는 김에'를 사용해서 대답해 봅시다.

> **보기** 　가: 못 보던 가방인데 새로 샀어요? (친구 선물을 사다/ 내 것도 하나 샀다)
>
> 　나: 친구 선물을 사는 김에 제 것도 하나 샀어요.

1) 한복을 입은 사진이 정말 예쁘네요. (경복궁을 관람하다/ 한복 체험도 했다)

2) 냉장고가 깨끗해졌어요. (주방을 정리하다/ 냉장고도 정리했다)

3) 김밥을 많이 만들었네요. (내 김밥을 만들다/ 친구들 것도 만들었다)

4) 구두를 새로 샀어요? (정장을 사다/ 어울리는 구두도 샀다)

2 '–는 김에 –아/어 주세요'를 사용해서 친구에게 부탁해 봅시다.

1) 저는 이번 방학에 제 고향 하노이에 갔다 오려고 해요.

2) 오늘은 오랜만에 김치를 담글 거예요.

3) 이따가 마트에 장 보러 갈까 해요.

4) 다음 달에 제주도로 출장을 가게 됐어요.

3 '–는 김에'를 사용해서 이번 방학 계획을 말해 봅시다.

> 저는 경주 여행을 하는 김에
> 한국의 역사에 대해서도 공부해 볼까 해요.

29

로안 와, 여기가 백제문화단지예요? 한국 최대의 역사 문화 테마파크라고 해서 기대하고 왔는데 정말이네요. 오길 잘 한 것 같아요.

서준 주변 경치도 좋아서 사람들의 발길이 끊이지 않는 곳이에요. 백제 문화재를 한눈에 볼 수 있도록 전시해 놓아서 정말 볼거리가 많아요.

로안 여기에 오면 옛날 백제 사람들이 생활하던 모습을 다 볼 수 있겠네요.

서준 네, 맞아요. 역사 테마파크라서 이 공원 안에서는 왕실의 모습과 백제의 유물, 유적은 거의 다 볼 수 있어요. 세계문화유산으로 지정된 왕릉도 볼 수 있고요.

로안 백제의 유물과 신라의 유물은 어떤 차이가 있나요?

서준 한마디로 말하기는 어렵지만 불상을 비교해 본다면 백제의 불상은 화려하고 세련미가 있는데 신라의 불상은 소박한 편이에요.

로안 서준 씨가 설명을 해 주니까 정말 좋네요. 여기말고 부여에서 가 볼 만한 곳은 어디예요?

서준 부소산성이 유명한데 부여에 온 김에 부소산성에 올라가 보기로 해요. 특히 부소산성 북쪽에 위치한 낙화암은 백제 마지막 왕의 전설이 있는 곳이에요.

1 다음 질문에 대답해 봅시다.

1) 두 사람은 어디에 왔습니까?

2) 백제문화단지를 한 마디로 소개하면 어떤 곳입니까?

3) 여기서 볼 수 있는 유물과 유적은 어떤 것이 있습니까?

4) 두 사람은 여기를 본 후에 어디에 가려고 합니까?

2 다음 표현을 공부하고 빈칸에 맞게 써 봅시다.

백제	신라	왕실	불상	소박하다
세련미	전설	기대하다	전시하다	위치하다

1) 사찰에 가면 _______________ 앞에서 절을 하는 사람들을 볼 수 있다.

2) 화려한 고려 시대 청자에 비해 조선 시대 백자는 _______________ 평가를 받고 있다.

3) 이 식당은 좋은 자리에 _______________ 있어서 항상 손님들로 붐빈다.

4) 이 나무에는 사랑을 이루지 못한 남녀의 슬픈 사랑에 대한 _______________ 전해지고 있다.

3 다음 발음에 주의하여 문장을 읽어 봅시다.

- 사람들의 **발길이 끊이지** 않는 곳이에요.
- **신라의 불상은 소박한 편이에요.**
- **가 볼 만한** 곳은 어디예요?

4 다음 상황에 맞게 대화 연습을 해 봅시다.

친구 1	친구 2
역사적 명소에 대해 알고 싶어 하며 명소 특징을 질문한다.	역사적 명소에 대해 설명하고 다른 명소를 추천해 준다.

1 세계 관광객들이 많이 가는 곳과 그 이유에 대해 이야기해 봅시다.

2 한국의 유네스코 세계문화유산에 대해 알아봅시다.

창덕궁 (서울 종로)

조선 왕릉 (경기도 화성)

수원 화성 (경기도 수원)

고인돌 (전라북도 고창)

3 세계문화유산에 대해 알아보고 여러분 나라의 세계문화유산을 소개해 봅시다.

1) 빈칸에 여러분 나라의 세계문화유산에 대해 써 봅시다.

문화유산 이름	
위치	
지정 연도	
특징	

2) 여러분 나라의 세계문화유산에 대해 이야기해 봅시다.

_________________은/는 _____________에 세계문화유산으로 지정되었습니다.

_________________은/는 _________________에 위치하고 있습니다.

_______________은/는 다음과 같은 특징을 가지고 있습니다.

_______________은/는 _______________________________________

그리고 ____

____

3 한국의 명소 – 활동

1 다음을 듣고 맞으면 O, 틀리면 X 하십시오. 

1) 남자는 여자 친구와 서울타워에 다녀왔다.   (   )

2) 남자는 날씨 때문에 여행을 걱정하고 있다.   (   )

3) 남자는 김홍도라는 화가에 대해 많이 들었다.   (   )

4) 여자는 공연을 보러 홍대 앞에 간 적이 있다.   (   )

2 다음을 듣고 질문에 답하십시오.

1 다음 중 들은 내용과 다른 것을 고르십시오.

① 경주는 신라의 중심 도시였다.

② 석굴암을 보려면 토함산에 올라가야 한다.

③ 남자는 경주에서 2일 동안 여행을 할 것이다.

④ 경주는 도시에 야외 박물관을 만들어 놓았다.

2 이 여행에서 가지 않는 곳을 고르십시오.

① 박물관   ② 석굴암   ③ 석가탑   ④ 다보탑

3 다음을 듣고 질문에 답하십시오. 

1 다음 중 들은 내용과 다른 것을 고르십시오.

① 남자는 한옥마을을 구경하러 전주에 간 적이 있다.

② 여자는 남자에게 점심에 같이 비빔밥을 먹자고 했다.

③ 전주는 한국에서 네 번째로 음식창의도시로 지정되었다.

④ 전주비빔밥은 케이팝과 함께 한류 콘텐츠 중의 하나이다.

2 '음식창의도시'의 의미는 무엇입니까?

____

4 다음을 듣고 질문에 답하십시오.

출처: 한국관광공사

역사 유적지
(수원 화성)

드라마 촬영지
(한탄강 하늘다리)

평화누리길
(김포·파주·연천·고양)

1 다음 중 들은 내용과 다른 것을 고르십시오.

① 경기도는 남북 분단을 상징하던 곳이었다.

② 관광객들이 가장 많이 찾는 곳은 서울이다.

③ 경기도는 영화와 드라마 촬영지로 인기가 많은 곳이다.

④ 경기도는 관광 자원이 부족하여 관광 사업에 어려운 점이 있다.

2 경기도 관광 사업 계획을 위한 세 가지 주제는 무엇입니까?

㉠ _________________ ㉡ _________________ ㉢ _________________

3 경기도에서 관광 사업의 발전 방안으로 준비하는 것 세 가지를 쓰십시오.

㉠ _________________ ㉡ _________________ ㉢ _________________

4 들은 내용을 요약해서 말해 봅시다.

5 다음 질문에 대답해 봅시다.

아바타
(중국 장가계)

쥬라기공원
(하와이 카우아이섬)

해리포터
(영국 안윅캐슬)

1) 위 영화 촬영지에 대해 들어 본 적이 있습니까?

2) 여러분은 드라마나 영화 촬영지 중 어디에 가 보았습니까? 소개해 봅시다.

세종한국어 4-1

제4과 한국의 명소

1 다음을 보고 질문에 대답해 봅시다.

〈서울시, 세계 도시 경쟁력(2020)〉

연구 및 개발	**6위**
문화 교류	**11위**
주거	**39위**
환경	**15위**
교통 접근성	**9위**
경제	**20위**
종합 순위	**8위**

1) 서울은 어떤 점에서 도시 경쟁력이 높은가요?

2) 여러분에게 가장 먼저 떠오르는 서울의 이미지는 무엇인가요?

3) 여러분은 서울의 매력을 뭐라고 생각하나요?

2 다음 글을 읽어 봅시다.

서울

서울은 1392년 조선의 도읍지로 정해진 이후 현재는 대한민국의 수도로 정치, 경제, 사회, 문화의 중심 역할을 하고 있다. 서울의 옛날 이름은 한양인데 지리적으로는 한반도의 중간에 위치하고 있다.

서울은 북쪽으로는 삼각산을 배경으로 하고 남쪽으로는 한강이 흐르고 있어 배산임수의 모습을 갖추고 있다. 서울 시내에 위치하고 있는 경복궁과 광화문은 현대적인 모습과 전통적인 모습이 공존하는 곳이어서 국내외의 많은 사람들이 이곳에서 한국의 다양한 문화를 즐긴다. 광화문 앞에는 '해치'라고 하는 석상이 있는데 해치는 옛날부터 화재나 재앙으로부터 서울을 지켜 주는 상징물로 알려져 있다.

서울이 세계인들로부터 관심과 사랑을 받는 이유는 다양한 문화 콘텐츠가 있어서 볼거리, 즐길거리가 많기 때문이다. 서울의 남산서울타워, 홍대 거리, 이태원, 서울놀이마당 그리고 한강공원 등은 많은 시민들의 문화 시설 공간으로 활용되고 있다. 서울시에서는 매년 5월에 '하이서울페스티벌' 축제를 열어 역동적인 서울의 이미지를 국내외로

홍보하고 있다.

그리고 서울에서는 문학, 현대 음악, 미술, 무용, 연극, 국악 등과 관계있는 각종 문화 예술 행사가 일 년 내내 열리고 있다. 특히 케이팝과 댄스는 전 세계적으로 큰 인기를 얻고 있어 케이 팝 팬들은 한국의 케이팝 문화를 즐기기 위해 서울을 찾고 있다. 또한 서울 주변의 산에는 둘레길이 만들어져 주말뿐만 아니라 평일에도 여가를 즐기려는 등산객들의 발길이 이어진다.

이처럼 서울은 전통적인 분위기에 초현대적인 문화를 즐길 수 있는 도시로 세계인들의 인기를 끌고 있다. 서울 시민들은 첨단 산업과 과학이 더욱 발달하는 미래 사회에도 행복하게 살 수 있는 깨끗한 환경 도시가 될 수 있도록 모두 함께 노력하고 있다.

3 위의 글을 읽고 질문에 대답해 봅시다.

1 윗글의 내용과 맞으면 O, 틀리면 X 하십시오.

① 서울에서는 전통적인 모습을 찾기 어렵다. ( )

② 조선 시대에는 한양이 현대 서울의 기능을 담당했다. ( )

③ 둘레길에는 평일에 등산을 하러 오는 사람이 많다. ( )

④ '배산임수'는 북쪽에 강이 흐르고 남쪽에 산이 있는 지형이다. ( )

2 서울이 관심과 사랑을 받는 이유는 무엇입니까?

4 다음 주제로 작문을 하십시오.

주제: 도시 소개

1 여러분 나라의 수도(또는 주요 도시)는 어디입니까?

2 그 도시의 역사적·지리적 특징과 도시의 매력은 무엇입니까?

3 그 도시는 미래에 어떻게 변화했으면 좋겠습니까?

5 인간관계

학습 목표

1 인간관계의 유형

어휘 | 인간관계 종류, 인간관계 형성 및 유지
문법 | −기 마련이다, −(으)ㄴ/는 척하다
대화 | 인간관계를 넓히는 방법 조언하기
말하기 | 인간관계를 잘 맺는 방법 이야기하기

2 인간관계와 갈등

어휘 | 인간관계에서의 행동, 인간관계에서의 감정
문법 | −더니, −(ㄴ/는)다고 치다
대화 | 인간관계 갈등에 대해 상담하기
말하기 | 인간관계 갈등 경험 이야기하기

3 인간관계 – 활동

듣고 말하기 | 소통의 기술에 대해 듣고 말하기
읽고 쓰기 | 인간관계에 대한 상담 사례 읽고 쓰기

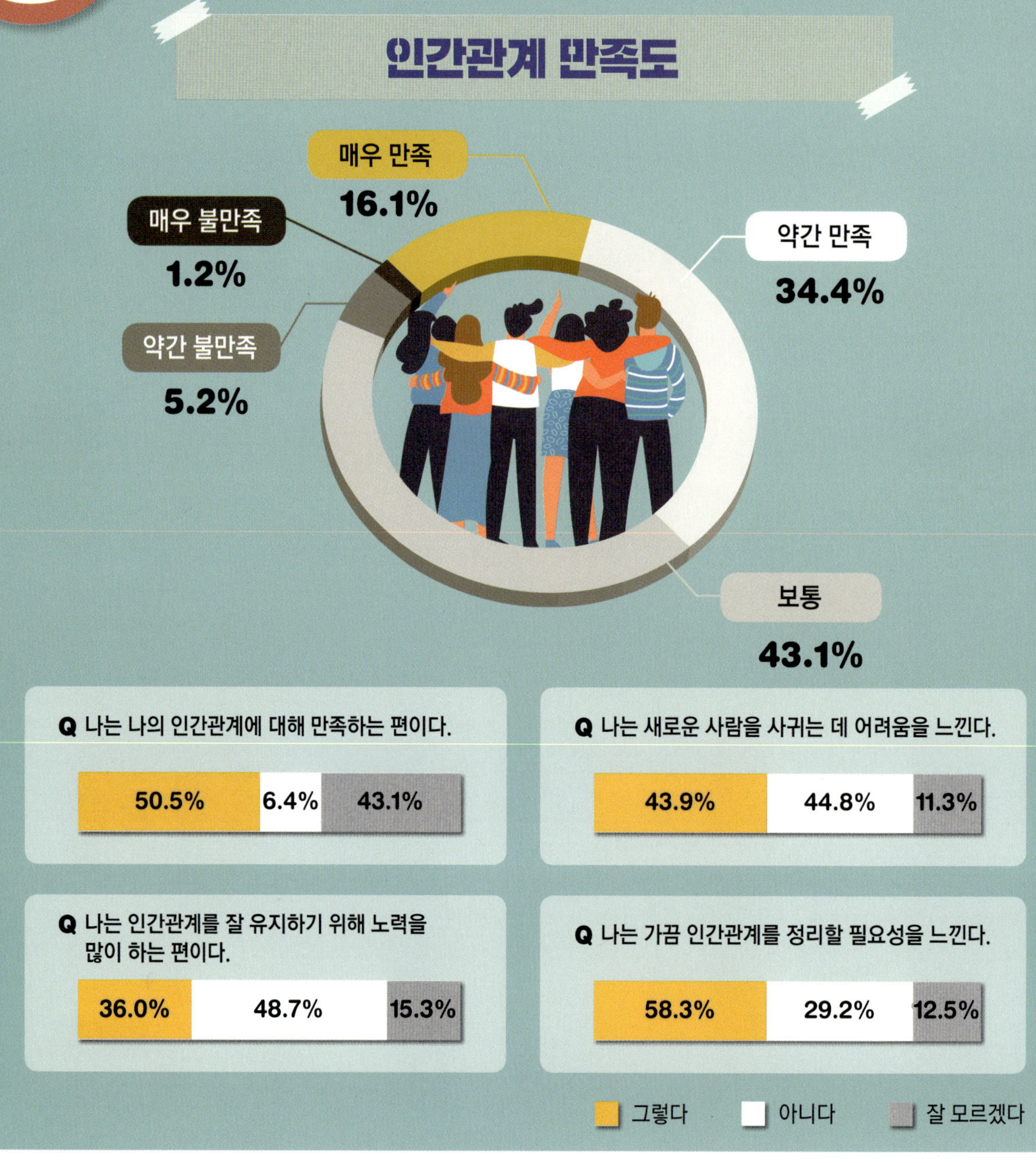

1 조사 결과 사람들은 인간관계에 대해 어떻게 생각하고 있습니까?

2 여러분은 자신의 인간관계에 대해 어떻게 생각하고 있습니까?

1 다음 표현을 공부하고 빈칸에 맞게 써 봅시다.

가정	학교	직장	기타
			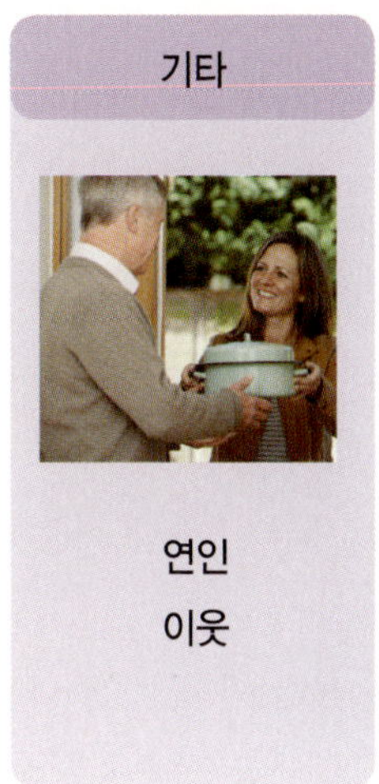
부모 ↔ 자식 형제, 자매, 남매 부부	스승 ↔ 제자 선배 ↔ 후배 동기, 동창	상사 ↔ 부하 직원 선배 ↔ 후배 동기, 동료	연인 이웃

1) 나는 언니가 두 명 있는데 우리 세 _________________ 사이가 아주 좋다.

2) 직장인들은 입사 _________________ 먼저 승진할 때 스트레스를 받는다고 한다.

3) 김 과장은 _________________ 일을 많이 시켜서 다들 같이 일하기 싫어한다.

4) 오늘 _________________ 날이어서 고등학교 선생님을 찾아뵙고 인사를 드렸다.

5) 요즘은 _________________ 친하지 않아서 옆집에 누가 사는지 모르는 경우가 많다.

2 다음 표현을 공부하고 질문에 대답해 봅시다.

> 인간관계가 좋다/나쁘다　　　　인간관계가 원만하다
>
> 인간관계를 맺다　　　인간관계를 유지하다　　　인간관계를 끊다

1) 인간관계가 원만한 사람은 어떤 특성을 갖고 있습니까?

2) 우리 반에서 인간관계가 좋다고 생각되는 사람은 누구입니까?

3) 친구를 사귀면서 인간관계를 끊고 싶다고 느낄 때는 언제입니까?

4) 인간관계를 잘 유지하려면 어떤 노력을 해야 한다고 생각합니까?

5) 현대인들이 인간관계를 맺기 어려운 이유는 무엇이라고 생각합니까?

1. –기 마련이다

예문
- 외국에서 혼자 살면 외롭기 마련이다.
- 자주 만나지 못하면 관계가 멀어지기 마련이다.

1 '–기 마련이다'를 사용해서 문장을 바꿔 봅시다.

보기 기대가 크면 당연히 실망도 크다.

→ 기대가 크면 실망도 크기 마련이에요.

1) 열심히 노력하면 당연히 성공한다.　　→ _______________________________.

2) 착하게 살면 복을 받는 것은 당연하다.　　→ _______________________________.

3) 급하게 서두르면 실수하는 것은 당연하다.　　→ _______________________________.

4) 배가 고플 때는 무엇을 먹어도 당연히 맛있다.　→ _______________________________.

2 '–기 마련이다'를 사용해서 대답해 봅시다.

1) 룸메이트하고 오랫동안 같이 살아서 정이 많이 들었어요.

2) 업무가 제 적성에 맞아서 그런지 회사 생활이 정말 즐거워요.

3) 보고서를 쓰느라고 하루 종일 컴퓨터를 해서 눈이 너무 아파요.

4) 한국 드라마를 자주 봐서 그런지 듣기 실력이 많이 좋아진 것 같아요.

3 '–기 마련이다'를 사용해서 어떻게 하면 인간관계가 좋아질 수 있는지 말해 봅시다.

1 잘 웃는 사람은 첫인상이 좋기 마련이다.

2 자주 대화를 나누다가 보면 친해지기 마련이다.

3 내가 마음을 열고 다가가면 상대방도 마음을 열기 마련이다.

2. -(으)ㄴ/는 척하다

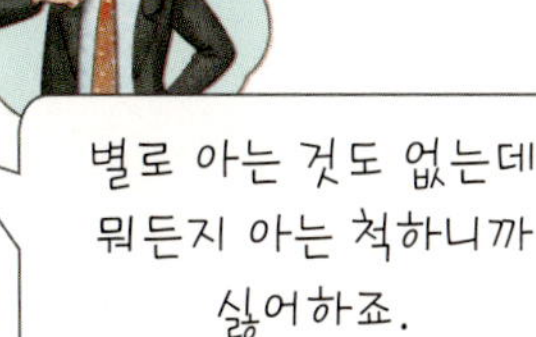

> **예문**
> • 길을 가다가 넘어져서 많이 아팠지만 부끄러워서 괜찮은 척했다.
> • 친구는 내 이야기를 들었는데도 못 들은 척하고 아무 대답도 하지 않았다.

1 '-(으)ㄴ/는 척하다'를 사용해서 문장을 완성해 봅시다.

1) 그 사람은 돈이 없는데도 (부자이다) ___________________________________.

2) 어렸을 때 유치원에 가기 싫으면 (아프다) ___________________________________.

3) 소명 씨는 로안 씨를 좋아하지만 (관심이 없다) ___________________________________.

4) 길에서 지난 학기 친구를 만났는데 나를 보고 (못 봤다) ___________________________________.

2 '-(으)ㄴ/는 척하다'를 사용해서 대화를 완성해 봅시다.

1) **가:** 다니엘 씨는 공부하나 봐요. 방에서 꼼짝도 안 하네요.

　 나: 아니에요. ___________________ 날마다 인터넷만 해요.

2) **가:** 서준 씨는 오늘 모임에 못 나온대요. 요즘 많이 바쁜가 봐요.

　 나: 바쁜 일도 없으면서 ___________________ 모임에 빠지는 거예요.

3) **가:** 요즘 SNS에서 가족이라고 속이고 사기를 치는 사람들이 많다면서요?

　 나: 네. ___________________ 돈을 보내 달라고 하는 경우가 많대요.

3 '-(으)ㄴ/는 척하다'를 사용해서 친해지고 싶지 않은 사람에 대해 말해 봅시다.

착한 척하는 사람	똑똑한 척하는 사람	?

선생님 소명 씨, 오랜만이에요. 학교생활은 잘하고 있지요?

소 명 네. 근데 제가 외국인이라서 그런지 인간관계를 맺기가 쉽지 않아요. 아직 친구가 없어서 점심시간이나 공강 시간에 혼자 있을 때가 많아요.

선생님 새로운 환경에서는 누구든지 인간관계에 어려움을 느끼기 마련이죠. 선배들 중에는 혹시 친하게 지내는 사람 없어요?

소 명 신입생 환영회 때 인사를 하기는 했지만 저를 기억 못 할 것 같아서 길 가다가 봐도 모르는 척할 때가 많아요.

선생님 그러면 안 돼요. 학교생활을 할 때 동기나 선배하고 잘 지내는 게 얼마나 중요한데요. 기억을 하든 못 하든 소명 씨가 먼저 인사해야죠.

소 명 네, 알겠습니다. 앞으로는 먼저 다가가도록 노력해 볼게요.

선생님 그리고 학과 활동에 참가해 보지 그래요? 인간관계를 넓히는 데 도움이 될 거예요.

소 명 다양한 소모임이 있다고 들었는데 한번 알아봐야겠어요.

---

1 다음 질문에 대답해 봅시다.

1) 소명 씨는 요즘 학교생활에서 어떤 어려움을 느끼고 있습니까?

2) 선생님은 새로운 환경에서 인간관계를 맺는 것이 어떻다고 했습니까?

3) 소명 씨는 길에서 선배들을 만나면 어떻게 합니까? 왜 그렇게 합니까?

4) 선생님은 소명 씨에게 인간관계를 넓히기 위해 어떻게 하라고 했습니까?

2 다음 표현을 공부하고 빈칸에 맞게 써 봅시다.

공강	환경	다가가다
학과 참가하다	인간관계를 넓히다	소모임

1) 나는 봉사 활동에 관심이 있어서 학교 봉사 모임에 _________________ 있다.

2) 사회생활을 잘하려면 다양한 사람을 만나면서 _________________ 것이 좋다.

3) 우리 할아버지는 귀가 어둡기 때문에 가까이 _________________ 말씀을 드려야 한다.

4) 나는 _________________ 바뀌면 잠을 잘 못 자는 습관이 있어서 여행할 때 힘들다.

3 다음 발음에 주의하여 문장을 읽어 봅시다.

- 제가 외국인이라서 그런지 **인간관계를 맺기가 쉽지 않아요**.

- 저를 **기억 못 할 것 같아서** 길 가다가 봐도 **모르는 척할** 때가 많아요.

- **인간관계를 넓히는** 데 도움이 **될 거예요**.

4 다음 상황에 맞게 대화 연습을 해 봅시다.

학생	선생님
학교(직장) 생활에서 인간관계의 어려움과 그 이유를 말한다.	학교(직장) 생활에서 인간관계의 중요성과 인간관계를 넓히는 방법에 대해 조언한다.

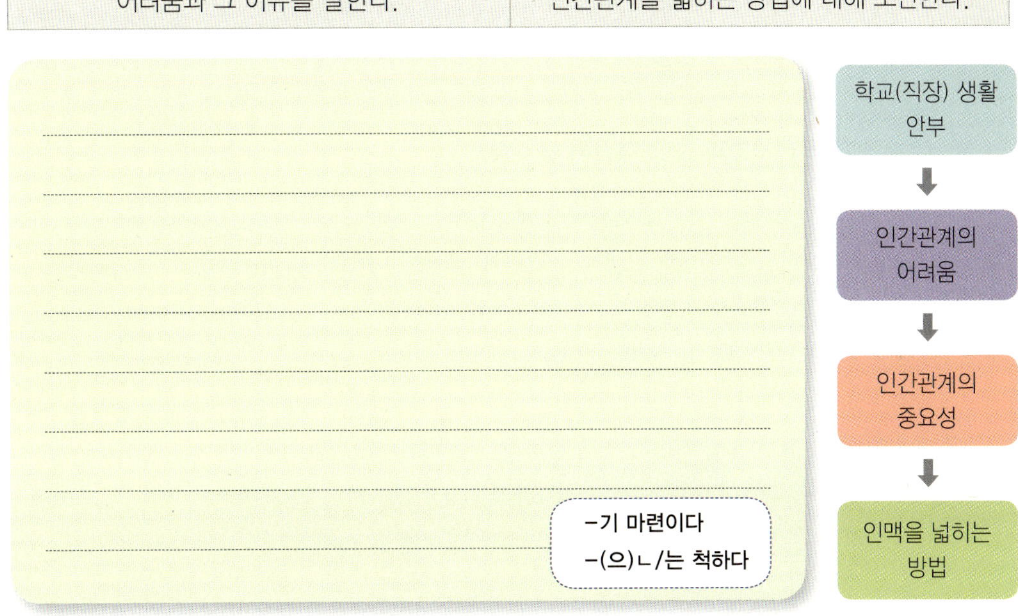

1 다음을 보고 질문에 대답해 봅시다.

1) 좋은 인간관계를 위한 덕목에는 어떤 것들이 있습니까?

2) 여러분은 위의 덕목 중에서 어떤 덕목을 가지고 있습니까?

3) 위의 덕목 중에서 여러분이 더 노력해야 할 점은 무엇입니까?

2 다음에 대해 친구들과 묻고 대답해 봅시다.

1	인간관계 때문에 힘들었던 적이 있습니까? 언제였습니까?
2	누구와 무슨 일로 관계가 안 좋았습니까?
3	그때 자신에게 어떤 점이 부족했다고 생각합니까?
4	앞으로 그때와 같은 일이 생긴다면 어떻게 할 겁니까?

3 다음 상황으로 대화를 만들고 어떻게 대화하면 더 좋을지 이야기해 봅시다.

1) 아래 상황으로 대화를 만들어서 발표해 봅시다.

이런 상황에서는?	인간관계가 원만한 사람	인간관계가 서투른 사람
처음 만났을 때	가: 안녕하세요? 처음 뵙겠습니다. 이서준입니다. 나:	가: 안녕하세요? 처음 뵙겠습니다. 이서준입니다. 나:
친구가 애인하고 헤어졌을 때	가: 나 어제 그 사람하고 헤어졌어. 5년이나 사귀었는데…. 나:	가: 나 어제 그 사람하고 헤어졌어. 5년이나 사귀었는데…. 나:
친구가 대기업에 취직했을 때	가: 나:	가: 나:
친구가 시험에 떨어졌을 때	가: 나:	가: 나:
친구가 약속을 안 지켰을 때	가: 나:	가: 나:

2) 친구의 발표를 듣고 인간관계가 원만해/서툴러 보이는 상황은 무엇인지, 이유는 무엇인지, 어떻게 하면 좋은지 이야기해 봅시다.

2 인간관계와 갈등

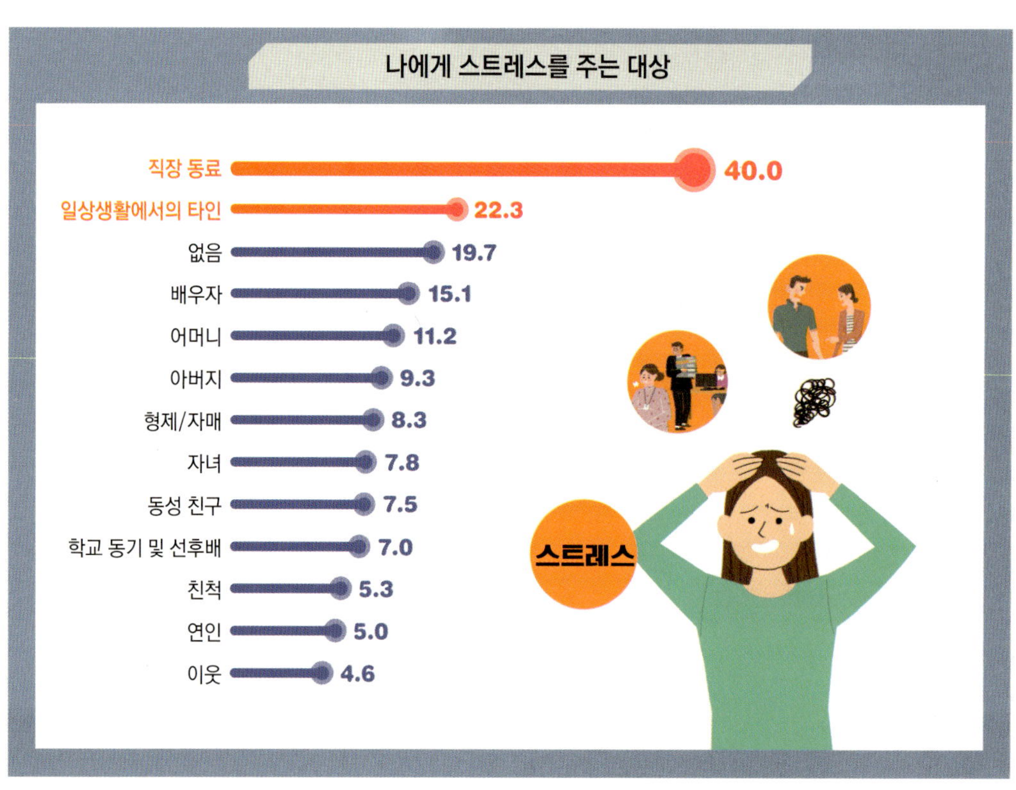

1 조사 결과 행복감 혹은 스트레스를 가장 많이 주는 사람은 누구입니까?

2 여러분은 인간관계에서 누구 때문에 행복감 혹은 스트레스를 느낍니까?

1 다음 표현을 공부하고 빈칸에 맞게 써 봅시다.

긍정적 행동	이해하다 칭찬하다 믿다 화해하다 존중하다 관심을 갖다
부정적 행동	오해하다 비판하다 의심하다 다투다 무시하다 무관심하다

1) 과장님은 직원들의 의견을 _________________ 자기 마음대로 결정해 버렸다.

2) 그 사람은 다른 사람들이 어려움을 겪을 때마다 _________________ 도와준다.

3) 발표가 끝난 후에 선생님께서 실력이 많이 늘었다고 _________________ 주셨다.

4) 내 잘못이 아닌데도 사람들은 나 때문에 생긴 일이라고 _________________ 있다.

5) 친구하고 싸웠는데 내가 말실수를 한 것 같아서 먼저 사과하고 _________________.

2 다음 표현을 공부하고 빈칸에 맞게 써 봅시다.

긍정적 감정	부정적 감정
좋다　　편하다 친하다　　소중하다	밉다　　불편하다　　어색하다 귀찮다　　서운하다

1)
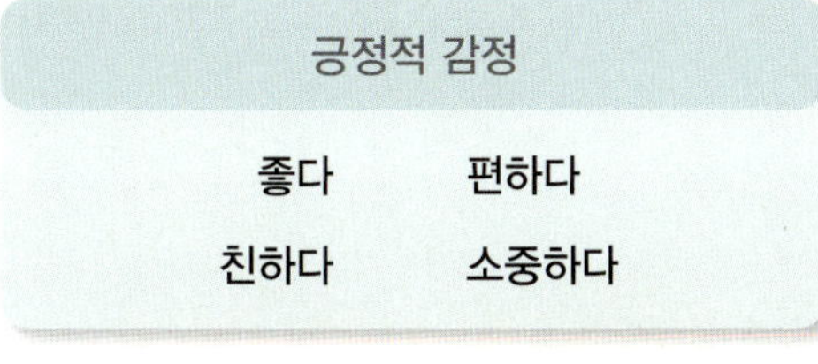

2)

3)

4)

1. -더니

예문
- 드라마가 처음에는 재미있더니 뒤로 갈수록 재미없네요.
- 서준 씨가 회사에 취직하더니 많이 바쁜가 봐요.

1 '-더니'를 사용해서 두 문장을 연결해 봅시다.

> **보기** 지난 겨울-눈이 많이 오다 **+** 올 겨울-눈이 별로 안 오다
>
> → 지난 겨울에는 눈이 많이 오더니 올 겨울은 눈이 별로 안 오네요.

1) 어제-다니엘 씨가 지각하다 **+** 오늘-일찍 오다 → ________________________.

2) 주말-극장에 사람이 많다 **+** 평일-사람이 많지 않다 → ________________________.

3) 작년-긴 머리가 유행하다 **+** 올해-짧은 머리가 유행하다 → ________________________.

2 '-더니'를 사용해서 대화를 완성해 봅시다.

1) **가:** 소명 씨가 이번에 한국어능력시험 4급을 받았대요.

   나: 그래요? 지난 학기부터 열심히 ________________________.

2) **가:** 지우 씨가 오늘 몸살이 나서 회사에 못 왔다면서요?

   나: 네. 요즘 업무가 많아서 날마다 늦게까지 ________________________.

3) **가:** 페이 씨는 생활비가 부족해서 아르바이트를 해야 된다고 하네요.

   나: 지난달에 옷을 많이 ________________________.

3 '-더니'를 사용해서 우리 반 친구들에 대해 이야기해 봅시다.

> 페이 씨가 지난 학기는 말이 별로 없더니 이번 학기는 말이 많아졌어요.

> 소명 씨가 여자 친구를 사귀더니 성격이 밝아진 것 같아요.

2. -(ㄴ/는)다고 치다

예문
- 저를 가족이라고 치고 고민을 이야기해 보세요.
- 사회 경험을 한다고 치고 아르바이트를 해 볼까 해요.

1 '-(ㄴ/는)다고 치다'를 사용해서 조언해 봅시다.

상황	
1)	출장을 가고 싶지 않아요.
2)	바빠서 하루 종일 굶었어요.
3)	이번 달 생활비를 잃어버렸어요.

조언
기부하다
여행을 가다
다이어트를 하다

2 '-(ㄴ/는)다고 치고'를 사용해서 대화를 완성해 봅시다.

1) **가**: 사람들 앞에서 발표할 때마다 너무 떨리고 긴장돼요.

   나: 앞에 (사람이 없다)________________________ 편하게 발표해요.

2) **가**: 내일 면접시험을 보는데 연습을 별로 못 해서 걱정이에요.

   나: 저를 (면접관이다)________________________ 한번 연습해 보세요.

3) **가**: 자꾸 살이 쪄서 운동을 좀 해야 되는데 시간 내기가 어렵네요.

   나: (운동을 하다)________________________ 계단으로 걸어 다니세요.

3 '-(ㄴ/는)다고 치다'를 사용해서 친구의 고민에 대해 조언을 해 봅시다.

1	친구가 저한테 빌린 돈을 안 갚아요.
2	직장 동료 때문에 회사 다니기가 싫어요.
3	

친구를 도와줬다고 치고 잊어버리세요.

서준	페이 씨, 무슨 일 있어요? 기분이 좀 안 좋아 보여요.
페이	속상한 일이 있어서요. 어제 룸메이트하고 말다툼을 했거든요.
서준	룸메이트랑 친하게 지내더니 갑자기 무슨 일 때문에 싸웠는데요?
페이	개강을 했는데도 날마다 새벽까지 게임을 하거든요. 그래서 저까지 잠을 못 자니까 너무 피곤하고 수업 들을 때 집중도 안 돼요.
서준	매일 그러면 힘들겠어요. 룸메이트한테 이야기해 보지 그랬어요?
페이	몇 번이나 말했지만 소용이 없어요. 제 말을 무시하는 것 같아서 너무 불쾌하고 서운해요. 게다가 물건을 쓰고 나서 정리를 안 할 때도 많은데 매번 제가 치워야 되니까 그것도 짜증 나요. 이제 진짜 말도 하고 싶지 않아요.
서준	듣고 보니 정말 속상하겠네요. 그래도 계속 그렇게 지낼 수는 없으니까 이번이 마지막이라고 치고 다시 한번 잘 이야기해 보세요.
페이	그래야죠. 저도 계속 다투는 것보다 대화로 해결하는 게 좋을 것 같아요.

1 **다음 질문에 대답해 봅시다.**

1) 페이 씨는 오늘 왜 기분이 안 좋습니까?

2) 페이 씨가 룸메이트하고 다툰 이유는 무엇입니까?

3) 페이 씨는 룸메이트 때문에 어떤 감정을 느낍니까?

4) 서준 씨는 페이 씨에게 어떻게 하라고 조언을 해 주었습니까?

2 다음 표현을 공부하고 빈칸에 맞게 써 봅시다.

속상하다		말다툼을 하다		개강하다	
소용이 없다	불쾌하다	게다가	치우다	해결하다

1) 며칠 전에 친구와 _________________ 금방 화해했다.

2) 나는 어려운 문제가 생겼을 때 스스로 _________________ 편이다.

3) 부모님한테 입학 선물로 받은 시계를 잃어버려서 너무 _________________.

4) 바닥에 놓여 있는 물건들을 _________________ 나서 방을 깨끗하게 쓸고 닦았다.

3 다음 발음에 주의하여 문장을 읽어 봅시다.

- **속상한** 일이 **있어서요**. 어제 룸메이트하고 **말다툼을 했거든요**.

- 룸메이트랑 친하게 지내더니 갑자기 **무슨 일** 때문에 **싸웠는데요?**

- 저도 계속 **다투는 것보다** 대화로 **해결하는** 게 좋을 것 같아요.

4 다음 상황에 맞게 대화 연습을 해 봅시다.

친구 1	친구 2
인간관계에서 생긴 갈등과 그 이유를 말한다.	인간관계에서 생긴 갈등을 해결할 수 있는 방법을 제안한다.

한양 한국어 4-1

제5과 인간관계

1 다음을 보고 질문에 대답해 봅시다.

1) 첫 번째 그림과 두 번째 그림은 어떤 상황을 말하는 것입니까?

2) 가정이나 직장에서 이런 갈등이 생기는 원인은 무엇입니까?

3) 여러분은 가정이나 직장에서 세대 차이를 느낀 적이 있습니까?

2 가정이나 사회에서 갈등을 겪었던 경험에 대해 이야기해 봅시다.

1	언제 갈등을 겪었습니까?	
2	누구와 갈등을 겪었습니까?	
3	어떤 일로 갈등을 겪었습니까?	
4	어떻게 갈등을 극복했습니까?	

3 다음 상황으로 역할극을 하고 어떻게 하면 좋을지 조언해 봅시다.

1) 다음 상황 중 하나를 골라 역할극을 해 봅시다.

관계	룸메이트
상황	

식사 후 바로 설거지를 하라는 친구
텔레비전을 본 후 설거지를 하겠다는 친구

관계	연인
상황	

기념일을 잊어버려서 서운해하는 남자 친구
기념일을 꼭 챙길 필요 없다는 여자 친구

관계	어머니, 아들
상황	

고등학교 졸업 후 가수가 되겠다는 아들
대학교부터 입학하라는 어머니

관계	사장님, 아르바이트 학생
상황	

일할 때 게임을 하지 말라는 사장님
손님이 없을 때 지루해서 게임을 하려는 학생

가: ____________________

나: ____________________

가: ____________________

나: ____________________

가: ____________________

나: ____________________

2) 친구들의 역할극을 보고 두 사람에게 어떻게 하면 좋을지 조언해 봅시다.

1 다음을 듣고 맞으면 O, 틀리면 X 하십시오.

1) 여자는 자주 만나지 않으면 관계가 멀어진다고 생각한다. ( )

2) 여자는 회의하다가 직장 동료하고 다퉜지만 바로 화해했다. ( )

3) 남자는 여자에게 부모님하고 자주 시간을 보내라고 조언했다. ( )

4) 남자는 후배가 고마워하지 않는다고 생각해서 부탁을 거절했다. ( )

2 다음을 듣고 질문에 답하십시오.

1 요즘 젊은 사람들이 혼자 있는 걸 더 좋아하는 이유는 무엇입니까?

____

2 다음 중 들은 내용과 다른 것을 고르십시오.

① 남자는 인간관계가 건강에 영향을 준다고 생각한다.

② 남자의 친구는 최근에 다양한 모임에 참가하고 있다.

③ 여자는 인맥을 넓히려고 동호회 활동을 여러 개 했다.

④ 여자는 친구가 많을수록 신경 쓸 일이 많다고 생각한다.

3 다음을 듣고 질문에 답하십시오.

1 다음 중 여자의 생각으로 맞는 것을 고르십시오.

① SNS에서 진정한 친구를 사귀기는 쉽지 않다.

② SNS를 통해 친구들과의 관계가 훨씬 가까워졌다.

③ SNS를 통해 다양한 인간관계를 맺을 수 있게 되었다.

④ SNS에서 관계를 잘 유지하려면 서로 관심을 가져야 한다.

2 다음 중 여자의 태도로 맞는 것을 고르십시오.

① 앞으로 일어날 일에 대해 걱정하고 있다.

② 현재의 문제에 대한 해결 방법을 제시하고 있다.

③ 실제 경험을 예로 들어서 자신의 의견을 밝히고 있다.

④ 상대방의 의견에 일부 동의하며 자신의 주장을 말하고 있다.

4 다음을 듣고 질문에 답하십시오.

경청

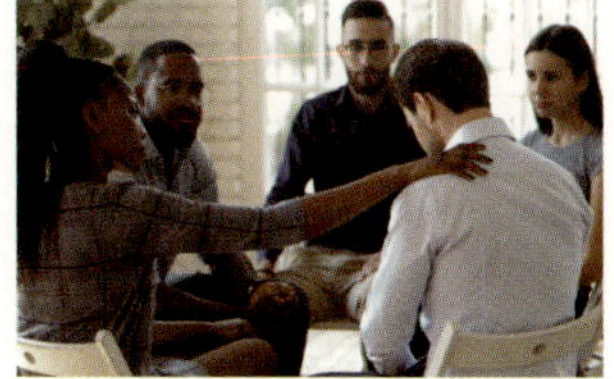

칭찬

공감

1 사람들은 인간관계의 중요성을 보통 어떻게 표현합니까?

____

2 강연의 내용을 아래와 같이 정리해 봅시다.

제목: 성공적인 인간관계를 위한 소통의 기술
첫째, ㉠ _______________________________
둘째, 상대방에 대한 긍정적인 마음을 잃지 않는다.
셋째, ㉡ _______________________________

3 들은 내용을 요약해서 말해 봅시다.

5 다음 질문에 대답해 봅시다.

1) 두 가지 중 소통이 잘될 것 같은 상황은 무엇입니까? 이유는 무엇입니까?

2) 여러분이 생각하는 '소통을 잘하는 기술'에는 어떤 것들이 있습니까?

1 다음 질문에 대답해 봅시다.

상담자	상담소	상담원
조언을 구하다 고민을 털어놓다		조언/충고해 주다 해결책을 제시해 주다

1) 인간관계 때문에 고민한 적이 있나요? 무슨 일로 고민했나요?

2) 그때 누구와 상담했나요? 어떻게 고민을 해결했나요?

2 다음 글을 읽어 봅시다.

한양온라인상담센터

hanyangcounsel.co.kr

온라인 상담 사례

Q 제목　　인간관계가 서툴러요
글쓴이　최민석

　안녕하세요. 인간관계에 대한 조언을 구하고 싶은데 고민을 털어놓을 만한 사람이 없어서 이렇게 글을 남깁니다. 저는 내성적인 성격이라서 그런지 사람을 사귀는 일이 힘들고 어렵게 느껴집니다. 특히 낯선 사람을 만나게 되면 너무 긴장돼서 어떻게 해야 할지 모르겠고 어떤 대화를 나누어야 할지도 모르겠습니다. 그래서 저도 모르게 고개를 숙이거나 다른 곳을 보는 척할 때가 많습니다. 이런 성격을 고치려고 학교 모임에도 몇 번 나간 적이 있는데 그때마다 어색하고 불편해서 조금 앉아 있다가 금방 나왔습니다. 동기들도 처음에는 자주 연락하더니 이제는 아무도 연락하지 않습니다. 제가 먼저 전화해서 만나자고 하고 싶지만 상대방이 거절할까 봐 연락하기가 두렵습니다. 저도 오래 함께할 수 있는 친구를 만들고 싶습니다. 힘들 때 의지할 수 있는 친구가 없다는 것은 정말 슬픈 일인 것 같아요. 다른 사람처럼 편안한 마음으로 인간관계를 맺고 유지하고 싶은데 어떻게 해야 할까요?

온라인 상담 사례

A

제목	용기가 필요합니다
글쓴이	김주희

　　인간관계로 어려움을 겪고 계시는군요. 새로운 사람을 사귀는 것은 새로운 문화를 만나는 과정이라고 할 수 있습니다. 외국에 갔을 때 새로운 문화가 어색하고 불편한 것처럼 다른 사람과 인간관계를 맺을 때도 한동안 어색함과 불편함을 느끼기 마련이죠. 그런 점에서 낯선 사람을 만났을 때 긴장하는 것은 매우 당연한 일입니다. 새로운 나라에 여행을 간다고 치고 즐거운 마음으로 상대방을 대하도록 노력해 보면 어떨까요? 그리고 인간관계를 하다가 보면 누구나 상대방에게 거절당할 수도 있다는 두려움을 갖게 됩니다. 중요한 것은 용기를 내서 일단 해 보는 것이죠. 그러면 생각보다 두려운 일이 아니라는 것을 깨닫게 될 거예요. 인간관계를 맺고 싶다면 용기를 내서 먼저 다가가세요. 그러면 오랫동안 함께할 수 있는 친구를 얻게 될 겁니다.

3　위의 글을 읽고 질문에 대답해 봅시다.

1　다음 중 내용과 다른 것을 고르십시오.

　① 상담자는 낯선 사람을 만났을 때 어색하게 행동한다.

　② 상담자는 친구 관계를 잘 유지하기 위해 자주 연락한다.

　③ 상담자는 성격 때문에 인간관계를 맺는 데 어려움을 느낀다.

　④ 상담자는 고민을 말할 사람이 없어서 온라인 상담을 신청했다.

2　상담원이 해결책으로 제시한 것 두 가지를 쓰십시오.

　㉠ ______________________________　　㉡ ______________________________

4　다음 주제로 작문을 하십시오.

주제: 인간관계에 대한 고민 상담

인터넷 게시판에 올라온 고민 내용에 대해 조언하는 글을 써 봅시다.

6 재미있는 한국어

MP3
Streaming

학습 목표

1

의성어와 의태어

어휘 | 의성어, 의태어
문법 | -던데요, -는 통에
대화 | 나라별 의성어와 의태어 비교하기
말하기 | 의성어와 의태어를 넣어 이야기 만들기

2

속담과 관용어

어휘 | 속담, 관용어
문법 | -(ㄴ/는)다고 하더니, -았/었던
대화 | 한국의 속담 소개하기
말하기 | 속담과 관용어의 의미 설명하기

3

재미있는 한국어 – 활동

듣고 말하기 | 속담의 유래에 대해 듣고 말하기
읽고 쓰기 | 전래 동화 글 읽고 쓰기

다니엘 씨가 꾸벅꾸벅 졸아요.
호랑이도 제 말 하면 온다

의성어와 의태어

1 위의 표현은 무엇을 나타내는 말입니까?

2 여러분 나라에서는 이것을 어떻게 표현합니까?

1 다음 표현을 공부하고 서로 관계있는 것을 연결해 봅시다.

1) 몸에서 나는 소리 •

2) 먹을 때 나는 소리 •

3) 울 때 나는 소리 •

4) 사물에서 나는 소리 •

콰앙

쨍그랑

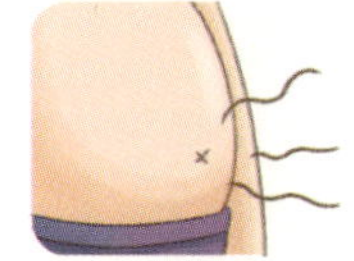
꼬르륵

콜록콜록

엉엉

훌쩍훌쩍

냠냠

후루룩

2 다음 표현을 공부하고 그림에 맞게 써 봅시다.

끄덕끄덕	꾸벅꾸벅	갸우뚱갸우뚱	반짝반짝	헐레벌떡
쌩쌩	뻘뻘	벌벌	주룩주룩	펑펑

_________ 달리다

_________ 졸다

_________ 뛰어오다

_________ 빛나다

고개를 _________ 하다

비가 _________ 내리다

땀을 _________ 흘리다

눈이 _________ 내리다

1. -던데요

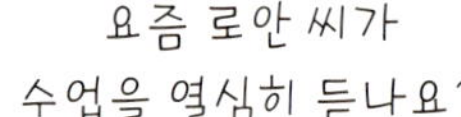

예문
- 지난번 한국어능력시험이 생각보다 아주 쉽던데요.
- 오늘 아침에 페이 씨가 고향 친구와 이야기를 하고 있던데요.

1 '-던데요'를 사용해서 대답해 봅시다.

> **보기**
> 가: 제주도에 갔다 왔다면서요? 어땠어요? (풍경이 정말 예뻤다)
> 나: 풍경이 정말 예쁘던데요.

1) 이번에 새로 들어온 직원은 어떤 것 같아요? (성실해 보였다)

2) 케이팝 콘서트에 갔다 왔다면서요? 콘서트가 어땠어요? (정말 신났다)

3) 점심에 먹은 불닭 맛이 어땠어요? 많이 매웠어요? (진짜 매웠다)

4) 사토 씨, 지금 페이 씨는 어디에 있어요? (도서관에서 공부하고 있었다)

2 '-았/었던데요'를 사용해서 대답해 봅시다.

1) 오늘 소명 씨가 학교에 일찍 왔던가요? (일찍 왔다)

2) 페이 씨가 숙제를 하고 있던가요? (이미 숙제를 끝냈다)

3) 오늘 지우 씨가 무슨 옷을 입었던가요? (정장을 입었다)

4) 지금도 밖에 비가 많이 내리던가요? (비가 그쳤다)

3 '-던데요'를 사용해서 오늘 본 친구들의 모습을 이야기해 봅시다.

> 사토 씨가 좋은 일이 있는지 하루 종일 싱글벙글 웃고 있던데요.

> 지우 씨가 감기에 걸렸나 봐요. 기침을 하던데요.

2. –는 통에

예문
- 시도 때도 없이 전화가 오는 통에 다른 일을 할 수가 없다.
- 이번 장마 통에 피해를 입은 사람들이 아주 많다고 한다.

1 '–는 통에'를 사용해서 문장을 완성해 봅시다.

보기 서둘러 나오는 통에 지갑을 놓고 나왔다.

1) 서둘러 나왔다 ·   · 쉴 수가 없었다
2) 손님이 몰려왔다 ·   · 지갑을 놓고 나왔다
3) 폭설이 내렸다 ·   · 잠을 설쳤다
4) 아기가 밤새 울었다 ·   · 비행기가 연착됐다

2 '–는 통에'를 사용해서 대답해 봅시다.

1) 아이한테 장난감을 또 사 준 거예요? (아이가 울면서 조르다)

2) 안색이 안 좋아 보여요. 체한 거 아니에요? (급하게 밥을 먹다)

3) 이번 홍수 때문에 인명 피해도 있었다면서요? (물난리)

4) 하루 종일 쉬지도 못하고 일만 한 거예요? (일을 빨리 하라고 재촉하다)

3 '–는 통에'를 사용해서 방해가 되어 하지 못한 일에 대해 말해 봅시다.

> 룸메이트가 남자 친구랑 헤어지고 나서 하루 종일 우는 통에 공부를 할 수 없었어요.

로안	오늘 수업 시간에 배운 의성어와 의태어가 너무 어렵지 않았어요?
사토	저는 나라마다 소리와 모양을 표현하는 게 달라서 재미있던데요.
로안	그런 점은 재미있지만 '깔깔'이나 '껄껄'처럼 같은 웃음소리라도 느낌의 차이를 알아야 어색하지 않게 사용할 수 있는 것도 있어서 저는 좀 어려웠어요.
사토	저도 그런 건 좀 어려워요. 근데 베트남에서는 시계 소리를 어떻게 표현해요? 한국에서는 '재깍재깍'이라는데 일본에서는 '치쿠타쿠'라고 하거든요.
로안	베트남에서는 '띡딱띡딱'이라고 해요.
사토	나라마다 이렇게 다르니까 더 흥미로워요.
로안	정말요? 저는 너무 많은 걸 한꺼번에 배우는 통에 머리가 아팠어요.
사토	그래도 의성어, 의태어가 재미있으니까 한국 친구들과 이야기할 때 써 봐야겠어요.

1 **다음 질문에 대답해 봅시다.**

1) 두 사람은 오늘 수업 시간에 무엇을 배웠습니까?

2) 사토 씨는 의성어와 의태어가 왜 재미있다고 생각합니까?

3) 로안 씨는 한국어의 의성어가 왜 어렵다고 느낍니까?

4) 나라마다 시계 소리를 어떻게 다르게 표현합니까?

2 다음 표현을 공부하고 빈칸에 맞게 써 봅시다.

모양	깔깔	껄껄	재깍재깍
표현하다	어색하다	흥미롭다	한꺼번에

1) 나는 아직 내 생각을 글로 _________________ 것이 어렵다.

2) 어렸을 때 어머니가 동물 _________________ 과자를 자주 만들어 주셨다.

3) 일이 _________________ 몰리는 통에 눈코 뜰 새 없이 바쁘다.

4) 이 문장은 좀 _________________ 때문에 자연스럽게 고치는 것이 좋을 것 같다.

3 다음 발음에 주의하여 문장을 읽어 봅시다.

- 나라마다 소리와 **모양**을 표현하는 게 달라서 **재미있던데요**.

- '**깔깔**'이나 '**껄껄**'은 같은 웃음소리라도 느낌의 차이가 있어요.

- **한꺼번에** 배우는 통에 머리가 **아팠어요**.

4 다음 상황에 맞게 대화 연습을 해 봅시다.

친구 1	친구 2
수업 시간에 배운 의성어와 의태어를 말하고 배우기 어려운 이유와 자기 나라의 표현을 이야기한다.	

-던데요
-는 통에

한국의
의성어와 의태어

↓

의성어와 의태어가
배우기 어려운
이유

↓

자기 나라의
의성어와 의태어

1 다음 악보를 보고 질문에 대답해 봅시다

1) 노래 안에는 어떤 의성어가 있습니까?

2) 여러분 고향의 의성어로 바꿔서 불러 봅시다.

2 다음은 무슨 소리를 나타내는 의성어인지 추측해서 말해 봅시다.

딩동	똑똑	빵빵	에취	짝짝짝	찰칵

(   )   (   )   (   )

(   )   (   )   (   )

3 다음 질문에 대답해 봅시다.

1) 나라마다 이 소리를 어떻게 표현합니까?

한국	나라 1	나라 2	나라 3
똑똑			
딩동			
찰칵			
빵빵			
에취			
짝짝짝			

2) 한국어와 가장 비슷한 소리는 무엇입니까?

3) 한국어와 가장 다른 소리는 무엇입니까?

4 오늘 배운 의성어와 의태어를 사용하여 친구들과 이야기를 만들고 발표해 봅시다.

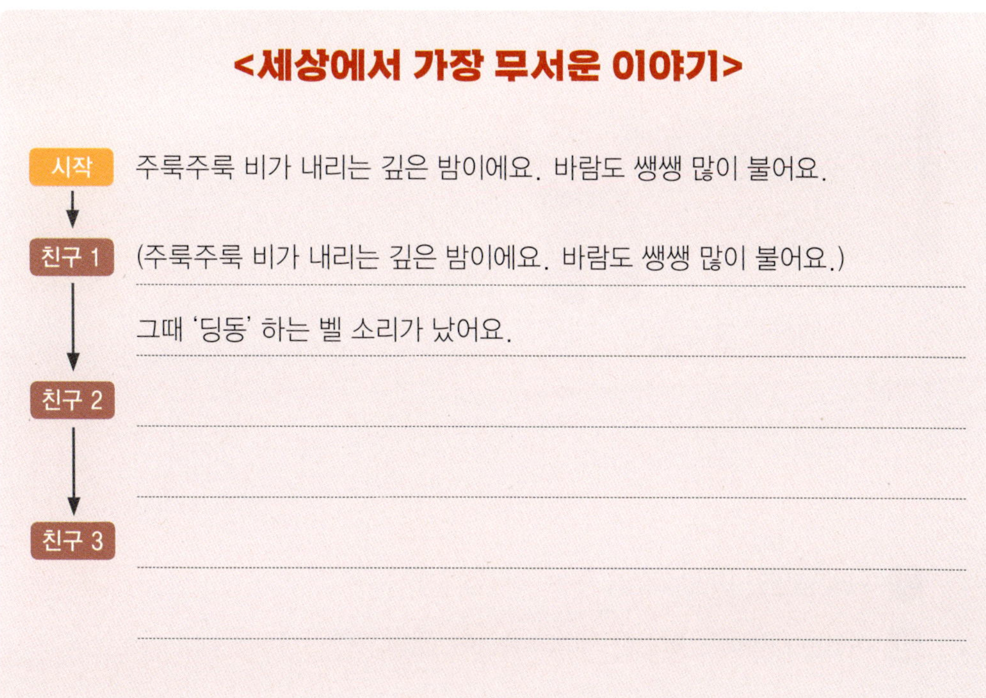

발 없는 말이 천 리 간다

낮말은 새가 듣고 밤말은 쥐가 듣는다

벽에도 귀가 있다

1 위의 속담은 어떤 교훈을 주는 속담입니까?

2 여러분 나라에도 비슷한 의미의 속담이 있습니까?

1 다음 표현을 공부하고 질문에 대답해 봅시다.

음식 관련 속담
그림의 떡
누워서 떡 먹기
금강산도 식후경
남의 떡이 더 커 보인다

동물 관련 속담
꿩 대신 닭
우물 안 개구리
원숭이도 나무에서 떨어진다
개천에서 용난다

1) 여러분 고향의 속담 중 위의 음식 관련 속담과 비슷한 것이 있습니까?

2) 여러분 고향의 속담 중 위의 동물 관련 속담과 비슷한 것이 있습니까?

2 다음 표현을 공부하고 질문에 대답해 봅시다.

눈	눈이 높다	눈이 멀다	눈을 붙이다
입	입이 짧다	입이 무겁다	입이 나오다
손/발	손이 크다	손발이 맞다	발이 넓다
기타	얼굴이 두껍다	귀가 얇다	귀에 못이 박히다

1) 우리 반에서 눈이 제일 높을 것 같은 사람은 누구입니까?

2) 우리 반에서 제일 발이 넓은 사람은 누구입니까?

3) 일을 같이 할 때 손발이 잘 맞는 친구가 있습니까?

4) 중·고등학교 때 귀에 못이 박히도록 들은 이야기는 무엇입니까?

5) 귀가 얇아서 다른 사람의 말만 믿고 일을 한 후에 후회한 적이 있습니까?

1. –(ㄴ/는)다고 하더니

예문
- 한국어는 배울수록 어렵다고 하더니 정말 그런 것 같아요.
- 서준 씨가 도서관에 간다고 하더니 친구들하고 놀고 있던데요.

1 '–(ㄴ/는)다고 하더니'를 사용해서 대답해 봅시다.

> **보기** 가: 서울의 야경이 정말 예쁘죠? (예쁘다/ 진짜다)
>
> 나: 예쁘다고 하더니 진짜네요.

1) 어제 본 영화가 어땠어요? 볼 만하던가요? (재미있다/ 별로였다)

2) 은영 씨가 노래를 잘 부른다면서요? (잘 부르다/ 음치였다)

3) 새로 생긴 할인 마트에 다녀왔다면서요? 어땠어요? (싸게 팔다/ 정말 쌌다)

4) 이번 학기는 단어와 문법이 좀 어렵죠? (어렵다/ 생각보다는 쉽다)

2 '–(ㄴ/는)다고 하더니'를 사용해서 대답해 봅시다.

1) 서울은 물가가 비싸지요?

2) 그 영화배우를 실제로 보니까 어땠어요?

3) 소명 씨가 이번에 시험을 잘 봤다면서요?

4) 지우 씨가 어제 쓰러져서 병원에 입원을 했대요.

3 '–(ㄴ/는)다고 하더니'를 사용해서 속담이나 관용어로 문장을 만들어 봅시다.

갈수록 태산이라고 하더니 3급도 어려웠는데 4급은 더 어려워요.

지우 씨는 발이 넓다고 하더니 아는 사람이 정말 많아요.

2. –았/었던

예문
- 예전에 그렇게 깨끗했던 강이 지금은 너무 더러워졌어요.
- 이 옷은 제 어머니가 결혼식 때 입었던 드레스예요.

1 '–았/었던'을 사용해서 문장을 완성해 봅시다.

> **보기**　지난번에 (봤다) 봤던 영화가 재미있어서 다시 보고 싶어요.

1) 아까 길에서 (인사했다)＿＿＿＿＿＿＿＿＿＿ 분은 누구예요?

2) 지난번 문화 수업 때 (갔다)＿＿＿＿＿＿＿＿＿＿ 곳은 안동 하회마을이에요.

3) 어제 노래방에서 (불렀다)＿＿＿＿＿＿＿＿＿＿ 노래 제목이 뭐예요?

4) 요즘 살이 쪄서 작년 봄에 (샀다)＿＿＿＿＿＿＿＿＿＿ 옷이 안 맞아요.

2 '–았/었던'을 사용해서 대답해 봅시다.

1) 제일 처음 먹었던 한국 음식은 뭐예요?

2) 지금까지 가장 기뻤던/슬펐던 일은 뭐예요?

3) 지금까지 가장 어려웠던 한국어 문법은 뭐예요?

4) 이제까지 봤던 영화 중 가장 기억에 남는 영화는 뭐예요?

3 '–았/었던'을 사용해서 속담을 소개해 봅시다.

> 나에게 가장 큰 교훈을 주었던 속담은?

> 나에게 힘과 용기를 주었던 속담은?

지우 서준 씨는 오늘도 또 늦게 오나 보네요.

소명 호랑이도 제 말 하면 온다고 하더니 저기 서준 씨가 오네요.

지우 어머나! 그런 한국 속담도 알아요?

소명 어떤 사람에 대해 이야기하는데 때마침 그 사람이 나타났을 때 하는 말이잖아요. 저도 한국에서 생활한 지 이제 일 년이나 됐는데 그 정도 속담은 알지요.

지우 한국에 처음 왔을 때 한국어를 전혀 몰랐던 소명 씨가 이렇게 한국말을 잘하게 될 줄 몰랐어요. 언제 이렇게 한국어 실력이 늘었어요?

소명 천 리 길도 한 걸음부터라고 하잖아요. 초급 때부터 하나씩 하나씩 배운 결과예요.

지우 그래요. 앞으로도 한 걸음 한 걸음 나아간다면 좋은 결과가 있을 거예요.

소명 다 지우 씨 덕분이에요. 제가 포기하고 싶을 때마다 용기를 줬잖아요.

---

1 다음 질문에 대답해 봅시다.

1) '호랑이도 제 말 하면 온다'는 말은 어떤 의미입니까?

2) 지우 씨는 왜 소명 씨에게 놀랐습니까?

3) '천 리 길도 한 걸음부터'라는 속담은 무슨 의미의 속담입니까?

4) 소명 씨가 지우 씨에게 고마워하는 것은 무엇입니까?

2 다음 표현을 공부하고 빈칸에 맞게 써 봅시다.

호랑이도 제 말 하면 온다	때마침	늘다	나아가다
천 리 길도 한 걸음부터	포기하다	용기를 주다	

1) 은영 씨에게 부탁할 일이 있었는데 _________________ 길에서 만났다.

2) 그는 가정 형편이 어려워서 대학 진학을 _________________.

3) 이 친구는 내가 힘들 때 옆에서 _________________ 친구다.

4) 열심히 외워도 어휘 실력이 많이 _________________ 않아서 고민이다.

3 다음 발음에 주의하여 문장을 읽어 봅시다.

- 한국어를 전혀 **몰랐던** 소명 씨가 **이렇게** 한국말을 **잘하게** 될 줄 몰랐어요.

- **천 리 길도 한 걸음부터**라고 하잖아요.

- 포기하고 싶을 때마다 **용기를 줬잖아요**.

4 다음 상황에 맞게 대화 연습을 해 봅시다.

친구 1	친구 2
수업 시간에 배운 한국 속담의 의미와 교훈을 말하고 자기 나라의 속담과 비교해 본다.	

한국의 속담

↓

속담의 의미와 교훈

↓

자기 나라의 속담과 비교

-(ㄴ/는)다고 하더니
-았/었던

1 다음을 보고 질문에 대답해 봅시다.

1) '가는 날이 장날'이라는 속담은 무슨 의미입니까?

2) 여러분 나라에도 비슷한 의미의 속담이 있습니까?

2 자신이 알고 있는 관용어와 속담을 사용해서 대화를 만들어 봅시다.

가:

나:

가:

나:

가:

나:

3 팀을 나누어 관용어와 속담으로 게임을 해 봅시다.

> ① 팀을 나누고 상대팀에게 낼 문제를 만들어 보세요.
> ② 각 팀마다 문제를 설명할 사람과 맞힐 사람을 순서대로 정하세요.
> ③ 가장 빨리 많이 맞힌 팀이 게임에서 이기게 됩니다.

1) 다음 초성 글자를 보고 어떤 속담인지 맞혀 봅시다.

> 보기
> - ㄱ ㄹ 의 ㄸ
> - ㄴ ㅇ 서 ㄸ ㅁ ㄱ
> - ㄱ ㄱ ㅅ 도 ㅅ ㅎ ㄱ

2) 관용어와 속담을 몸으로 설명하고 맞혀 봅시다.

낮말은 새가 듣고 밤말은 쥐가 듣는다	귀에 못이 박히다	손발이 맞다
발 없는 말이 천 리 간다	남의 떡이 더 커 보인다	얼굴이 두껍다
우물 안 개구리	벽에도 귀가 있다	발이 넓다
호랑이도 제 말 하면 온다	천 리 길도 한 걸음부터	꿩 대신 닭

3 재미있는 한국어 - 활동

1 다음을 듣고 맞으면 O, 틀리면 X 하십시오. 

1) 여자는 기대를 많이 했던 시험에 떨어져서 실망이 크다. ( )

2) 남자는 룸메이트 때문에 잠을 제대로 자지 못했다. ( )

3) 남자는 학창 시절에 공부하라는 잔소리를 제일 많이 들었다. ( )

4) 여자는 시간이 지나면 속상했던 일도 잊게 된다고 생각한다. ( )

2 다음을 듣고 질문에 답하십시오. 

1 다음 중 들은 내용과 다른 것을 고르십시오.

① 여자는 남자에게 한국 만화를 추천했다.

② 남자는 의성어보다 의태어 표현이 더 어렵다고 느끼고 있다.

③ 남자는 의성어, 의태어 공부뿐만 아니라 속담도 공부할 계획이다.

④ 여자는 욕심을 내서 한꺼번에 많은 일을 하는 것은 좋지 않다고 생각한다.

2 의성어와 의태어를 만화로 공부하면 어떤 점이 좋습니까?

㉠ _________________________   ㉡ _________________________

3 다음을 듣고 질문에 답하십시오.

1 다음 중 남자의 생각으로 맞는 것을 고르십시오.

① 속담은 상대방을 설득할 때 효과적이다.

② 속담을 알면 한국인들의 가치관을 알 수 있다.

③ 속담 중에는 오늘날과는 맞지 않는 속담도 있다.

④ 속담으로 자신의 생각을 재치 있게 전달할 수 있다.

2 '가는 말이 고와야 오는 말이 곱다'는 말은 어떤 뜻입니까?

____

4 다음을 듣고 질문에 답하십시오. 

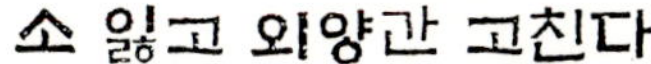

1 들은 속담과 어울리는 상황을 고르십시오.

① 외국어는 배우면 배울수록 더 어려운 것 같다.

② 친구의 마음이 상하지 않도록 말할 때는 항상 조심한다.

③ 강아지를 잃어버리고 나서 뒤늦게 강아지 목줄을 사러 갔다.

④ 급하게 일하면 실수가 많아서 좀 늦더라도 천천히 할 생각이다.

2 농부는 왜 외양간을 고치지 않았습니까?

____

3 '소 잃고 외양간 고친다'는 속담이 주는 교훈은 무엇입니까?

____

4 들은 내용을 요약해서 말해 봅시다.

5 다음 질문에 대답해 봅시다.

1) 여러분 고향에도 '소 잃고 외양간 고친다'와 의미가 비슷한 속담이 있습니까?

2) 여러분 고향에는 속담과 관련된 옛날이야기가 있습니까?

1 다음 질문에 대답해 봅시다.

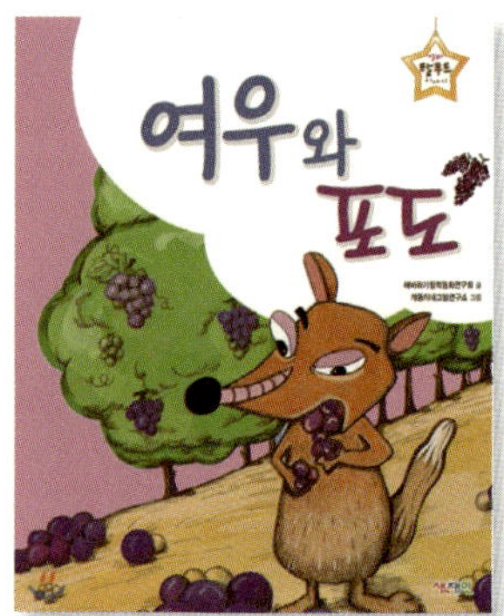

1) 어렸을 때 재미있게 읽었던 전래 동화가 있나요?

2) 여러분 나라의 전래 동화에는 어떤 동물이 많이 나오나요?

2 다음 글을 읽어 봅시다.

토끼와 호랑이

옛날에 토끼 한 마리가 바위 밑에서 쿨쿨 낮잠을 자고 있었습니다. 그때 호랑이 한 마리가 토끼 앞에 나타나 군침을 흘리면서 토끼를 내려다봤습니다.

"어흥!" 호랑이 울음소리에 깜짝 놀란 토끼는 잠에서 깨어났습니다.

'어떡하지? 호랑이가 날 잡아 먹으려고 하네.' 토끼는 무서워서 벌벌 떨었습니다. 이때 호랑이가 다가와서 이렇게 말했습니다.

"내가 지금 배가 고프니 당장 널 잡아먹어야겠다."

꾀가 많은 토끼는 앞발을 싹싹 빌면서 살 수 있는 방법을 생각했습니다.

"호랑이 형님, 제가 세상에서 제일 맛있는 떡이 어디에 있는지 알고 있어요. 그것부터 드셔 보세요."

"이 놈, 거짓말하지 마라. 어흥!"

"아니에요. 제가 먹어 봤는데 정말 둘이 먹다가 하나가 죽어도 모를 만큼 맛있던데요."

토끼의 말을 들은 호랑이는 침을 꿀꺽 삼키면서 토끼에게 빨리 떡을 가져오라고 했습니다. 그 말에 토끼는 땀을 뻘뻘 흘리면서 돌멩이를 주워 모아 불에 굽기 시작했습니다. 그것을 보고 이상하게 생각한 호랑이는 고개를 갸우뚱갸우뚱 하며 그 돌멩이를 어떻게 먹냐고 물었습니다. 토끼는 불에 빨갛게 구워졌을 때 간장에다가 찍어서 한입에 먹으면 된다고 했습니다.

"여기에는 간장이 없으니까 제가 산 아래 마을에 내려가서 빨리 간장을 가지고 올게요. 떡이 딱 열 개가 있는데 제가 오기 전에 절대로 하나도 드시면 안 돼요."

호랑이는 토끼에게 기다릴 테니까 빨리 갔다 오라고 했습니다. 토끼는 자기한테 속은 호랑이가 너무 바보 같아서 하하하 웃으면서 깡충깡충 뛰어 마을로 내려갔습니다.

토끼가 내려가자마자 호랑이는 떡이 열 개인지 세어 보았습니다. 하나, 둘, 셋, 넷 ……. '열 개라고 하더니 열한 개잖아. 토끼가 오기 전에 내가 얼른 하나 먹어야겠다.'

배가 고팠던 호랑이는 구운 떡 하나를 얼른 입안에 넣었습니다.

"으아! 호랑이 살려. 앗! 뜨거워."

뜨거운 돌멩이를 삼킨 호랑이는 그때서야 토끼에게 속은 것을 깨달았습니다.

3 **위의 글을 읽고 질문에 대답해 봅시다.**

1 다음 중 내용과 같은 것을 고르십시오.

① 호랑이는 토끼가 준 떡을 잘못 세었다.

② 토끼는 바위 밑에서 자는 척하다가 호랑이를 만났다.

③ 토끼는 떡을 만들기 위해서는 마을로 내려가야 한다고 했다.

④ 호랑이는 불에 구운 돌멩이를 삼킨 후에야 속은 것을 알았다.

2 이 전래 동화의 상황과 잘 맞는 속담은 무엇입니까?

① 호랑이도 제 말 하면 온다 　　　② 호랑이는 평소에 발톱을 감춘다

③ 호랑이를 잡으려면 호랑이 굴에 가야 한다 　　　④ 호랑이에게 물려 가도 정신만 차리면 산다

4 **다음 주제로 작문을 하십시오.**

주제: 옛날이야기

1 옛날이야기의 제목은 무엇입니까?

2 그 이야기의 줄거리는 무엇입니까? (의성어와 의태어를 넣어서 쓰십시오.)

3 그 이야기의 주제는 무엇입니까?

어휘 목록

1과 현대인의 여가 생활

1

여가 시간	여가 활동	여가 시설	여가 비용
여가 산업	휴식을 취하다	건강을 유지하다	스트레스를 해소하다
피로를 회복하다	재충전을 하다	기분 전환을 하다	친목을 도모하다
자기 계발을 하다	선호하다		
뵈다	아끼다	북 카페	늦잠을 자다
쏟다	활용하다	시간을 가지다	오히려
피로가 풀리다	한동안	즐기다	주요
모바일 콘텐츠	잡담	안정	대인 관계
주되다	목적	만족하다	만족스럽다
불만족스럽다	희망하다	동반자	

2

증가	요인	경제적	여유가 생기다
정보 매체	주 5일 근무제	근로	이동하다
휴식 활동	관광 활동	사회 활동	스포츠 활동
취미 · 오락 활동	문화 · 예술활동	캠핑	낮잠
공예	수집	악기	연주
촬영	종교		
드럼을 치다	보람을 느끼다	이야기를 나누다	꾸준히
활력이 생기다	개봉하다	예전	야근하다
시간을 내다	전부	동영상	반복하다
얻다	시행	의식	변화
습득하다	성향	수제	향수
가죽	바리스타	실습	메이크업

3

바람을 쐬다	수상 스키를 타다	연락처	남기다
일정이 나오다	부담스럽다	제도	원하다
휴가를 내다	충분히	배려하다	자유롭다
유용하다	볼링	참여하다	지원하다
벗어나다	맡다	농사를 짓다	함께하다
농사일	서예	씨름	바느질
널뛰기	여가를 보내다	교통수단	통신 수단
종류	조상		

캠핑장	캠핑카	캠핑용품	인기를 끌다
안정을 찾다	편의 시설	갖추다	시기
일상을 보내다	맞다	텐트를 치다	설레다
잠을 이루다	끼다	겨우	휴가철
길을 잘못 들다	헤매다	훨씬	날이 어둡다
서두르다	비가 쏟아지다	꿀맛	평소
모닥불을 피우다	속마음	마치다	

2과 음식과 요리

1

다듬다	썰다	자르다	절이다
무치다	익히다	볶다	굽다
부치다	튀기다	삶다	찌다
데치다	끓이다	전	양념
간장	된장	고추장	초고추장
마늘	생강	고춧가루	후춧가루
소금	설탕	식초	참기름
매콤하다	시다	새콤하다	달다
달콤하다	짜다	싱겁다	느끼하다
담백하다	발효 식품		

책꽂이	꽂다	일정	저장하다
세우다	꽃다발	보너스	우등생
학생회장	후식	보람을 느끼다	마치다
냄새	배다	공식	집중이 잘되다
출출하다	부침 가루	반죽	크기
노릇노릇하다	손이 가다	평소	응답하다
이색	프라이팬	냄비	도마
접시	완성되다		

2

상차림	한상차림	코스 요리	상을 차리다
도구	맛을 보다	간을 보다	간이 맞다
입에 맞다	입맛이 없다	손맛이 좋다	

넉넉하다	모자라다	냉동실	녹다
방해되다	김치를 담그다	거절하다	예절을 지키다
까다롭다	수저	쥐다	살짝
몸을 돌리다	양손	떼다	

여전히	힘이 나다	기운이 없다	쌈을 싸다
보양식	김장	상추	쌈장
한입	젓가락질	집다	향신료
한꺼번에	먹거리	썩다	한정식
식다	신선하다	순서	담기다
정	앞접시	덜다	시청자
미역국	불리다	빼다	두르다
피	산모		
길거리	쫄깃하다	남녀노소	소울 푸드
가래떡	노점	대중적	양념에 재우다
궁중	대량	저렴하다	전국
다양성	추가하다	변신	비비다
기호에 맞다	한류	낯설다	입맛에 맞추다
연구하다	살리다	넘다	개발하다

1

이성적	외향적	적극적	꼼꼼하다
감성적	내성적	소극적	덜렁대다
사회생활	앞장서다	처리	맡기다
차분하다	말수가 적다	직업관	생계를 유지하다
의식주	능력을 발휘하다	기여하다	봉사하다
답답하다	독신	상사	업무
개성	무시하다	답변	복장
유리하다	취업 설명회	장사가 잘되다	첫인상
학점이 높다	인턴십을 하다	하늘의 별 따기	공무원
응원하다	대단하다	솔직하다	스터디 모임
진로	자격증을 따다	관련 분야	갈등을 겪다
채용	기업	입사하다	서류 전형
실무자	임원	과정	통과하다
무역 회사	평가하다	항목	태도
지원자	적합하다	합격 여부	주요

2

복지 제도	사생활	연봉	보고하다
담당하다	출장을 가다	결재를 받다	업무를 처리하다
보고서를 작성하다	부서	인사부	회계부
영업부	기획부	총무부	홍보부
연수	승진	자금	급여
생산하다	전략	비품	관리하다
이미지	직위	사원	주임
대리	과장	차장	부장
임원	이사	상무	전무
부사장	적성에 맞다		

2	예의가 바르다	적응하다	혼나다	신제품
	익숙하다	소중하다	외근	지방 출장
	체력이 달리다	참다	실적	동료
	잔소리를 하다	건강식	챙기다	위로하다
	보장되다	고용	안정적	규모가 크다
	인지도	수직적	권위적	조직 문화
	커뮤니케이션	원활하다	불안정하다	대기업
	중견 기업	중소기업		

3	학력	전달하다	경쟁률	구인 공고
	너무하다	이외	신경을 쓰다	포기하다
	생략하다	어색하다	의견	이름을 부르다
	호칭	수평적	하루아침	자신감을 가지다
	도전하다	전문성	뛰어나다	인재
	인재상	중시하다	소통	협력
	대화가 통하다	평생직장	정들다	정년퇴직
	회사를 옮기다	성장하다		
	근로자	입을 모으다	독특하다	낯설다
	급히	본래	자리를 지키다	상하 관계
	뚜렷하다	곧	아랫사람	단합
	무조건	이어지다	반감을 가지다	일부
	시선	챙기다	책임지다	

1

명승지	축제	촬영지	피서지
벚꽃	도자기	발길이 끊이지 않다	인기를 끌다
축제가 열리다	볼거리가 많다	관광객으로 붐비다	자원이 풍부하다
홍보	내내	수입을 얻다	아이돌
유행어	나이가 들다	야경	섬
인구	앞서가다	명소	마침
손꼽히다	방문하다	분위기	가이드를 하다
찻집	불가사의	찜질방	온천
라이브 클럽	핫 플레이스	안보	순환 코스
제시하다	당일	한하다	전시관
무료입장	티 머니	지불하다	먹거리

2

세계문화유산	세계자연유산	왕릉	서원
유적지	주거지	지질 공원	동식물 보전 지역
문화재	유물	초가집	기와집
사찰	정하다	조선	양반
가옥	폭포	알려지다	등록되다
유네스코	지정되다	보전하다	가치가 있다/없다
물려주다	물려받다	후손	
콩	번화하다	장을 보다	백제
신라	왕실	불상	소박하다
세련미	전설	전시하다	위치하다
고려	청자	전하다	연도

3			
둘러보다	전시회	클럽	야외
수도	돌아보다	불교	석가탑
다보탑	귀중하다	수학여행	콘텐츠
항공기	기내 음식	역할을 하다	창의
최초	관광객을 유치하다	지방 자치 단체	노력을 기울이다
다녀가다	평화를 기원하다	남북 분단	디엠지(DMZ)
현장	상징하다	지향하다	매력적
경쟁력	문화 교류	접근성	떠오르다
도읍지	한양	지리적	한반도
배경	배산임수	공존하다	국내외
석상	해치	화재	재앙
상징물	즐길거리	역동적	문학
무용	국악	주변	둘레길
발길이 이어지다	초현대적	첨단 산업	기능
담당하다			

5과 인간관계

1

가정	자식	형제	자매
남매	스승	제자	동기
동창	부하 직원	이웃	사이가 좋다
시키다	찾아뵙다	인간관계가 좋다	인간관계가 나쁘다
인간관계가 원만하다	인간관계를 맺다	인간관계를 유지하다	인간관계를 끊다
관계가 멀어지다	기대	실망	복을 받다
서두르다	정이 들다	대화를 나누다	다가가다
마음을 열다	꼼짝도 안 하다	모임에 빠지다	속이다
사기를 치다	공강	환경	학과
인간관계를 넓히다	소모임	귀가 어둡다	덕목
표정을 짓다	미소를 짓다	경청	귀를 기울이다
배려하다	존중하다	지위	겸손하다
거만하다	인내	참다	유머
여유를 갖다	공감	입장	서투르다

2

긍정적	부정적	이해하다	오해하다
칭찬하다	비판하다	믿다	의심하다
화해하다	다투다	존중하다	무시하다
관심을 갖다	무관심하다	겪다	말실수
사과하다	감정	소중하다	밉다
어색하다	귀찮다	서운하다	
기부하다	갚다	속상하다	말다툼
개강하다	집중이 안 되다	소용이 없다	불쾌하다
게다가	치우다	해결하다	갈등
세대 차이	극복하다	지루하다	

1	의성어	의태어	멍멍	꿀꿀
	개굴개굴	꼬끼오	깡충깡충	엉금엉금
	뒤뚱뒤뚱	훨훨	표현하다	사물
	쾅	쨍그랑	꼬르륵	콜록콜록
	엉엉	훌쩍훌쩍	냠냠	후루룩
	끄덕끄덕	꾸벅꾸벅	갸우뚱갸우뚱	반짝반짝
	헐레벌떡	쌩쌩	뻘뻘	벌벌
	주룩주룩	펑펑	달리다	빛나다
	풍경	신나다	싱글벙글	쿵쾅쿵쾅
	피해를 입다	시도 때도 없이	잠을 설치다	연착되다
	조르다	물난리	재촉하다	모양
	깔깔	껄껄	재깍재깍	흥미롭다
	몰리다	눈코 뜰 새 없이	자연스럽다	딩동
	똑똑	빵빵	에취	짝짝짝
	찰칵			

2	발 없는 말이 천 리 간다	낮말은 새가 듣고 밤말은 쥐가 듣는다	벽에도 귀가 있다
	그림의 떡	남의 떡이 더 커 보인다	금강산도 식후경
	꿩 대신 닭	원숭이도 나무에서 떨어진다	우물 안 개구리
	눈이 높다	눈이 멀다	눈을 붙이다
	입이 짧다	입이 무겁다	입이 나오다
	손이 크다	손발이 맞다	발이 넓다
	얼굴이 두껍다	귀가 얇다	귀에 못이 박히다
	쓰러지다	음치	갈수록 태산
	기억에 남다	개구리 올챙이 적 생각 못 한다	때마침
	나아가다	호랑이도 제 말 하면 온다	휴관
	가는 날이 장날	천 리 길도 한 걸음부터	관용어
	속담		

미역국을 먹다	코를 골다	쉬엄쉬엄
시간이 약	두 마리 토끼를 잡는다	욕심을 부리다
설득하다	분명하다	사고방식
가치관	소 잃고 외양간 고친다	미루다
도망가다	비웃다	교훈을 주다

쿨쿨	낮잠	군침을 흘리다
잡아먹다	당장	싹싹
빌다	둘이 먹다가 하나가 죽어도 모른다	꿀꺽
삼키다	돌멩이	세다
깨닫다	속다	

호랑이는 평소에 발톱을 감춘다　　　호랑이를 잡으려면 호랑이 굴에 가야 한다

호랑이에게 물려 가도 정신만 차리면 산다

1과 **현대인의 여가 생활**

1. –(으)ㄹ 겸 –(으)ㄹ 겸 (해서)

| **의미와 용법** | 앞의 일을 하면서 뒤의 일도 함을 나타내는 표현이다. |

| **형태** | 동사 뒤에 붙여 쓴다. |

동사	받침 ○	–을 겸	읽다	읽을 겸
	받침 X	–ㄹ 겸	만나다	만날 겸
	ㄹ 받침		만들다	만들 겸

예문

- 가: 문화센터에 등록했다면서요?

  나: 네. 요리 수업도 들을 겸 친구도 사귈 겸 해서 등록했어요.
- 쇼핑도 할 겸 친구도 만날 겸 해서 명동에 갔다 왔다.
- 자료도 찾을 겸 이메일도 확인할 겸 인터넷에 접속했다.

2. –는 바람에

| **의미와 용법** | 앞의 말이 나타내는 행동이나 상태가 뒤에 오는 말의 원인이나 이유가 됨을 나타내는 표현이다. |

| **형태** | 동사 뒤에 붙여 쓴다. |

동사	받침 ○	–는 바람에	먹다	먹는 바람에
	받침 X		하다	하는 바람에
	ㄹ 받침		열다	여는 바람에

예문

- 가: 오늘 왜 지각했어요? 무슨 일 있었어요?

  나: 교통사고가 나는 바람에 길이 많이 막혔거든요.
- 갑자기 비가 오는 바람에 소풍을 못 가게 되었다.
- 빵집이 일찍 문을 닫는 바람에 빵을 못 사고 그냥 왔다.

3. –고 보니(까)

| 의미와 용법 | 앞의 말이 나타내는 행동을 하고 난 후에 뒤의 말이 나타내는 사실을 새로 깨달음을 나타내는 표현이다. |

의미와 용법 앞의 말이 나타내는 행동을 하고 난 후에 뒤의 말이 나타내는 사실을 새로 깨달음을 나타내는 표현이다.

형태 동사 뒤에 붙여 쓴다.

동사	받침 ○	–고 보니(까)	받다	받고 보니(까)
	받침 X		가다	가고 보니(까)
	ㄹ 받침		살다	살고 보니(까)

예문
- 가: 로안 씨, 이사했다면서요? 새로 이사한 집은 마음에 들어요?
  나: 아니요. 이사하고 보니 근처에 마트가 없어서 장 볼 때 좀 불편해요.
- 한국어를 배우고 보니 일본어하고 비슷한 점이 많은 것 같다.
- 아이를 낳고 보니까 부모님의 마음을 알 것 같다.

4. –는 대로

의미와 용법 어떤 행동이나 상황이 나타나는 '그때 바로, 또는 직후에 곧'의 뜻을 나타내는 표현이다.

형태 동사 뒤에 붙여 쓴다.

동사	받침 ○	–는 대로	읽다	읽는 대로
	받침 X		끝나다	끝나는 대로
	ㄹ 받침		만들다	만드는 대로

예문
- 가: 지수야, 여행 조심해서 잘 다녀와.
  나: 네, 엄마. 거기 도착하는 대로 전화 드릴게요.
- 회의 자료가 준비되는 대로 회의를 시작합시다.
- 월급을 받는 대로 빌린 돈부터 갚아야 해요.

1. 에다가

의미와 용법	일정한 위치를 나타내거나 더해지는 대상을 나타낼 때 사용하는 표현이다.

형태	명사 뒤에 붙여 쓴다.

명사	받침 ○	에다가	책상	책상에다가
	받침 X		의자	의자에다가

예문

- 가: 지우 씨, 오늘 많이 바빠요?
  나: 네. 아르바이트에다가 친구 생일잔치도 있어서 좀 바빠요.
- 책상 위에다가 가방을 놓았다.
- 어제는 휴일에다가 세일 기간이어서 백화점에 사람이 많았다.

2. –고 나면

의미와 용법	앞 절의 행위가 끝나고 뒤 절의 내용이 이루어짐을 가정해서 나타낼 때 사용하는 표현이다.

형태	동사 뒤에 붙여 쓴다.

동사	받침 ○	–고 나면	읽다	읽고 나면
	받침 X		가다	가고 나면
	ㄹ 받침		만들다	만들고 나면

예문

- 가: 할 일은 많은데 너무 졸려요.
  나: 이 커피 드세요. 마시고 나면 좀 괜찮아질 거예요.
- 이 책을 읽고 나면 생각이 달라질 것이다.
- 청소를 하고 나면 기분이 좋아진다.

3. –(으)ㄹ까 봐

의미와 용법	어떤 행위가 발생하거나 어떤 상황이 될 것을 추측하여 걱정스러울 때 사용하는 표현이다.

형태	동사나 형용사, 명사 뒤에 붙여 쓴다.

동사	받침 ○	–을까 봐	읽다	읽을까 봐
	받침 X	–ㄹ까 봐	가다	갈까 봐
	ㄹ 받침		만들다	만들까 봐

	받침 ○	−을까 봐	작다	작을까 봐
형용사	받침 X	−ㄹ까 봐	크다	클까 봐
	ㄹ 받침		멀다	멀까 봐
명사	받침 ○	일까 봐	학생	학생일까 봐
	받침 X		친구	친구일까 봐

예문

- 가: 왜 김치를 안 먹어요?

  나: 매울까 봐 못 먹겠어요.

- 친구 결혼식에 늦을까 봐 택시를 탔다.

- 이번에도 또 시험을 못 볼까 봐 걱정이다.

4. −(으)ㄴ/는걸요

의미와 용법 상대방의 생각이나 질문에 반박할 때 사용하는 표현이다.

형태 동사나 형용사, 명사 뒤에 붙여 쓴다.

		받침 ○	−는걸요	읽다	읽는걸요
	−는걸요	받침 X	−는걸요	배우다	배우는걸요
		ㄹ 받침		놀다	노는걸요
		받침 ○	−은걸요	읽다	읽은걸요
동사	−(으)ㄴ걸요	받침 X	−ㄴ걸요	배우다	배운걸요
		ㄹ 받침		놀다	논걸요
		ㅏ, ㅗ 모음	−았는걸요	받다	받았는걸요
	−았/었는걸요	ㅏ, ㅗ 이외 모음	−었는걸요	쉬다	쉬었는걸요
		하다	−했는걸요	말하다	말했는걸요
		받침 ○	−은걸요	많다	많은걸요
	−(으)ㄴ걸요	받침 X	−ㄴ걸요	아프다	아픈걸요
		ㄹ 받침		멀다	먼걸요
형용사		ㅏ, ㅗ 모음	−았는걸요	같다	같았는걸요
	−았/었는걸요	ㅏ, ㅗ 이외 모음	−었는걸요	넓다	넓었는걸요
		하다	−했는걸요	유명하다	유명했는걸요
	인걸요	받침 ○	인걸요	선물	선물인걸요
		받침 X		커피	커피인걸요
명사	이었/였는걸요	받침 ○	이었는걸요	학생	학생이었는걸요
		받침 X	였는걸요	친구	친구였는걸요

예문

- 가: 제가 입고 있는 이 옷, 저에게는 좀 안 어울리지요?

  나: 아니요. 아주 잘 어울리는걸요.

- 제가 한국어를 잘하기는요. 겨우 인사 몇 마디 하는걸요.

- 이 한국 소설책은 저에게도 너무 어려운걸요.

161

1. –(으)ㄹ 바에야

| 의미와 용법 | 앞에 오는 말이 나타내는 내용이 뒤에 오는 말의 내용보다 마음에 차지 않기 때문에 뒤의 내용을 선택함을 강조하여 나타낼 때 사용하는 표현이다. |

형태

동사 뒤에 붙여 쓴다.

동사	받침 ○	–을 바에야	먹다	먹을 바에야
	받침 X	–ㄹ 바에야	사다	살 바에야
	ㄹ 받침		만들다	만들 바에야

예문

- 가: 그 사람한테 내일 사과하려고 해.
  나: 내일 사과할 바에야 오늘 가서 하지 그래?
- 나는 영화를 안 좋아해서 영화를 보러 갈 바에야 집에서 쉬겠다.
- 상사의 잔소리를 들으면서 스트레스를 받을 바에야 회사를 그만두는 게 낫다.

2. –아/어야

의미와 용법

앞에 오는 말이 뒤에 오는 말에 대한 필수적인 조건임을 나타낼 때 사용하는 표현이다.

형태

동사나 형용사, 명사 뒤에 붙여 쓴다.

	ㅏ, ㅗ 모음	–아야	가다	가야
동사	ㅏ, ㅗ 이외 모음	–어야	읽다	읽어야
	하다	–해야	말하다	말해야
	ㅏ, ㅗ 모음	–아야	같다	같아야
형용사	ㅏ, ㅗ 이외 모음	–어야	넓다	넓어야
	하다	–해야	유명하다	유명해야
명사	받침 ○	이어야	학생	학생이어야
	받침 X	여야	친구	친구여야

예문

- 가: 에어컨은 언제 가장 잘 팔려요?
  나: 날씨가 더워야 에어컨이 많이 팔려요.
- 여권이 있어야 해외여행을 할 수 있다.
- 여자 대학교는 여자여야 입학이 가능하다.

3. -더라도

| **의미와 용법** | 앞에 오는 말을 가정하거나 인정하지만 뒤에 오는 말에는 관계가 없거나 영향을 끼치지 않음을 나타낼 때 사용하는 표현이다. |

형태

동사나 형용사, 명사 뒤에 붙여 쓴다.

동사	받침 ○	-더라도	읽다	읽더라도
	받침 X		배우다	배우더라도
	ㄹ 받침		놀다	놀더라도
형용사	받침 ○	-더라도	많다	많더라도
	받침 X		아프다	아프더라도
	ㄹ 받침		멀다	멀더라도
명사	받침 ○	이더라도	선물	선물이더라도
	받침 X	더라도	남자	남자더라도

예문

- 가: 오늘 친구와 약속이 있어서 숙제를 못할 것 같아요.

  나: 친구를 만나더라도 숙제를 안 하면 안 되지요.
- 바쁘더라도 식사는 꼭 챙겨 먹어야 한다.
- 지금은 실패했다고 평가받는 사람이더라도 나중에는 성공할 수 있다.

4. -다(가) 보면

| **의미와 용법** | 앞에 오는 말을 전제하거나 가정하여 그 행동이 진행되는 도중에 뒤에 오는 말과 같은 일이 생긴다는 것을 나타낼 때 사용하는 표현이다. |

형태

동사 뒤에 붙여 쓴다.

동사	받침 ○	-다(가) 보면	먹다	먹다(가) 보면
	받침 X		가다	가다(가) 보면
	ㄹ 받침		살다	살다(가) 보면

예문

- 가: 이번에는 성공할 줄 알았는데 또 실패해서 속상해요.

  나: 살다가 보면 일이 뜻대로 될 때도 있고 안 될 때도 있잖아요.
- 매일 한국어로 일기를 쓰다가 보면 쓰기 실력이 좋아질 것이다.
- 그렇게 운동을 안 하다가 보면 건강이 나빠질 수 있다.

1. 치고

| 의미와 용법 | 예외 없음을 나타내거나 반대로 예외적임을 나타낼 때 사용하는 표현이다. |

형태

명사 뒤에 붙여 쓴다.

명사	받침 ○	치고	한국인	한국인치고
	받침 X		남자	남자치고

예문

- 가: 로안 씨는 한국어를 정말 잘하죠?

  나: 네. 로안 씨는 외국인치고 한국어를 정말 잘해요.

- 부모치고 자식 걱정 안 하는 사람은 없다.

- 아이들치고 사탕을 싫어하는 아이는 없을 것이다.

2. -기로는

의미와 용법

말하는 사람이 생각하기에는 뒤에 오는 대상이 여러 가지 중에 최상임을 나타낼 때 사용하는 표현이다.

형태

동사나 형용사 뒤에 붙여 쓴다.

동사	받침 ○	-기로는	받다	받기로는
	받침 X		배우다	배우기로는
	ㄹ 받침		놀다	놀기로는
형용사	받침 ○	-기로는	아름답다	아름답기로는
	받침 X		예쁘다	예쁘기로는
	ㄹ 받침		힘들다	힘들기로는

예문

- 가: 우리 반에서 누가 요리를 제일 잘하나요?

  나: 요리를 잘하기로는 다니엘 씨가 제일이지요.

- 단풍이 아름답기로는 내장산이 최고라고 생각한다.

- 한국 영화 중에서 해외에서 상을 많이 받기로는 '기생충'을 따를 영화가 없다.

3. -던

의미와 용법   사건이나 동작이 과거에 완료되지 않고 중단되었음을 나타낼 때 사용하는 표현이다.

형태   동사나 형용사, 명사 뒤에 붙여 쓴다.

	받침 ○		찾다	찾던
동사	받침 X	-던	마시다	마시던
	ㄹ 받침		울다	울던
	받침 ○		작다	작던
형용사	받침 X	-던	크다	크던
	ㄹ 받침		멀다	멀던
명사	받침 ○	이던	학생	학생이던
	받침 X		부자	부자이던

예문
- 가: 제가 마시던 주스는 버렸어요?

  나: 죄송해요. 다 마신 줄 알고 컵을 씻었어요.
- 전에는 못 먹던 양파를 지금은 잘 먹게 되었다.
- 이 옷은 내가 대학생 때 자주 입던 옷이다.

4. -는 김에

의미와 용법   어떤 행위를 하면서 예정에는 없었지만 그렇게 하는 기회에 그와 관계 있는 다른 행위도 함께함을 나타내는 표현이다.

형태   동사 뒤에 붙여 쓴다.

		받침 ○		먹다	먹는 김에
	-는 김에	받침 X	-는 김에	가다	가는 김에
동사		ㄹ 받침		놀다	노는 김에
		받침 ○	-은 김에	읽다	읽은 김에
	-(으)ㄴ 김에	받침 X		쓰다	쓴 김에
		ㄹ 받침	-ㄴ 김에	놀다	논 김에

예문
- 가: 이번 주말에 한국 친구 결혼식에 갈 거예요.

  나: 결혼식에 참석하는 김에 폐백 드리는 것도 보면 좋은 경험이 되겠네요.
- 부산에 간 김에 김해에도 다녀왔다.
- 한국어를 배우는 김에 한국 문화도 배우려고 한다.

1. –기 마련이다

| **의미와 용법** | 어떤 일이 일어나거나 어떤 상태가 되는 것이 당연함을 나타내는 표현이다. |

| **형태** | 주로 동사나 형용사 뒤에 붙여 쓴다. |

	받침 ○		닮다	닮기 마련이다
동사	받침 X	–기 마련이다	걱정하다	걱정하기 마련이다
	ㄹ 받침		늘다	늘기 마련이다
	받침 ○		그립다	그립기 마련이다
형용사	받침 X	–기 마련이다	아프다	아프기 마련이다
	ㄹ 받침		힘들다	힘들기 마련이다

예문

- 가: 제가 외국 생활이 처음이라서 좀 두려워요.
  나: 처음 외국 생활을 할 때는 누구나 두렵기 마련이죠.
- 과식을 하면 배탈이 나기 마련이다.
- 어떤 사람이든지 장점도 있고 단점도 있기 마련이다.

2. –(으)ㄴ/는 척하다

| **의미와 용법** | 실제로 그렇지 않은데도 어떤 행동이나 상태를 거짓으로 꾸밈을 나타내는 표현이다. |

| **형태** | 동사나 형용사, 명사 뒤에 붙여 쓴다. |

		받침 ○		믿다	믿는 척하다
	–는 척하다	받침 X	–는 척하다	좋아하다	좋아하는 척하다
		ㄹ 받침		알다	아는 척하다
동사		받침 ○	–은 척하다	먹다	먹은 척하다
	–(으)ㄴ 척하다	받침 X		잊어버리다	잊어버린 척하다
		ㄹ 받침	–ㄴ 척하다	잠들다	잠든 척하다
		받침 ○	–은 척하다	싫다	싫은 척하다
형용사	–(으)ㄴ 척하다	받침 X		기쁘다	기쁜 척하다
		ㄹ 받침	–ㄴ 척하다	힘들다	힘든 척하다
명사	인 척하다	받침 ○	–인 척하다	부자	부자인 척하다
		받침 X	–인 척하다	학생	학생인 척하다

예문

- 가: 영화배우 김민수하고 가수 윤예린이 사귄다면서?
  나: 응. 일 년 전부터 사귀었는데 친구라고 하면서 안 사귀는 척한 거래.
- 어떤 사람이 전화를 걸어 경찰관인 척하면서 내 개인 정보를 물었다.
- 나는 사람들 앞에서만 착한 척하는 사람을 제일 싫어한다.

3. -더니

| 의미와 용법 | 과거에 경험하여 알게 된 사실과 다른 새로운 사실이 있음을 나타내거나, 과거의 사실이나 상황에 뒤이어 어떤 사실이나 상황이 일어남을 나타내는 표현이다. |

형태 주로 동사나 형용사 뒤에 붙여 쓴다.

동사	받침 ○	-더니	듣다	듣더니
	받침 X		운동하다	운동하더니
	ㄹ 받침		살다	살더니
형용사	받침 ○	-더니	좋다	좋더니
	받침 X		흐리다	흐리더니
	ㄹ 받침		힘들다	힘들더니

예문

- 가: 에어컨이 왜 안 켜져요? 고장 났어요?

  나: 모르겠어요. 아까는 잘되더니 갑자기 안 돼요.

- 아침에는 쌀쌀하더니 지금은 포근하네요.

- 페이 씨가 밥을 급하게 먹더니 체한 것 같아요.

4. -(ㄴ/는)다고 치다

| 의미와 용법 | 앞의 행위나 상태가 실제로 그럴지는 않지만 그렇다고 가정할 때 사용하는 표현이다. |

형태 동사나 형용사, 명사 뒤에 붙여 쓴다.

동사	-ㄴ/는다고 치다	받침 ○	-는다고 치다	읽다	읽는다고 치다
		받침 X	-ㄴ다고 치다	배우다	배운다고 치다
		ㄹ 받침		놀다	논다고 치다
	-았/었다고 치다	ㅏ, ㅗ 모음	-았다고 치다	받다	받았다고 치다
		ㅏ, ㅗ 이외 모음	-었다고 치다	쉬다	쉬었다고 치다
		하다	-했다고 치다	말하다	말했다고 치다
형용사	-다고 치다	받침 ○	-다고 치다	많다	많다고 치다
		받침 X		아프다	아프다고 치다
		ㄹ 받침		힘들다	힘들다고 치다
	-았/었다고 치다	ㅏ, ㅗ 모음	-았다고 치다	같다	같았다고 치다
		ㅏ, ㅗ 이외 모음	-었다고 치다	넓다	넓었다고 치다
		하다	-했다고 치다	유명하다	유명했다고 치다
명사	(이)라고 치다	받침 ○	이라고 치다	선물	선물이라고 치다
		받침 X	라고 치다	커피	커피라고 치다
	이었/였다고 치다	받침 ○	이었다고 치다	마음	마음이었다고 치다
		받침 X	였다고 치다	친구	친구였다고 치다

예문

- 가: 입학시험에 떨어졌다면서요? 많이 속상하겠어요.

  나: 이번에 시험을 안 봤다고 치고 그냥 잊어버리기로 했어요.

- 이 음식이 맛은 없지만 건강에는 좋은 거니까 약이라고 치고 드세요.

- 친구가 계속 밥을 사 달라고 해서 짜증이 났지만 불쌍하다고 치고 사 줬다.

6과 재미있는 한국어

1. -던데요

| **의미와 용법** | 말하는 사람이 과거에 경험하거나 관찰한 사실을 회상하여 그때 느낀 감정이나 사실을 상대방에게 말할 때 사용하는 표현이다. |

| **형태** | 동사나 형용사, 명사 뒤에 붙여 쓴다. |

동사	-던데요	받침 ○, 받침 X, ㄹ 받침	-던데요	읽다	읽던데요
	-았/었던데요	ㅏ, ㅗ 모음	-았던데요	받다	받았던데요
		ㅏ, ㅗ 이외 모음	-었던데요	쉬다	쉬었던데요
		하다	-했던데요	말하다	말했던데요
형용사	-던데요	받침 ○, 받침 X, ㄹ 받침	-던데요	많다	많던데요
	-았/었던데요	ㅏ, ㅗ 모음	-았던데요	같다	같았던데요
		ㅏ, ㅗ 이외 모음	-었던데요	넓다	넓었던데요
		하다	-했던데요	유명하다	유명했던데요
명사	(이)던데요	받침 ○	이던데요	선물	선물이던데요
		받침 X	던데요	남자	남자던데요
	이었/였던데요	받침 ○	이었던데요	학생	학생이었던데요
		받침 X	였던데요	친구	친구였던데요

| **예문** | • 가: 여행 갔을 때 날씨가 어떻던가요?
　 나: 날씨가 맑고 좋던데요.
• 다니엘 씨하고 오늘 같이 밥을 먹었는데 매운 음식도 잘 먹던데요.
• 서준 씨가 많이 아픈가 봐요. 오늘 결석했던데요. |

2. -는 통에

| **의미와 용법** | 뒤 문장의 부정적인 상황이나 결과가 나타나게 한 원인이나 이유를 나타낼 때 사용하는 표현이다. |

| **형태** | 동사 뒤에 붙여 쓴다. |

동사	받침 ○		먹다	먹는 통에
	받침 X	-는 통에	서두르다	서두르는 통에
	ㄹ 받침		떠들다	떠드는 통에

| **예문** | • 가: 지수 씨, 오늘 피곤해 보이네요.
　 나: 네. 아이가 밤새 우는 통에 전혀 못 잤어요.
• 시험지를 빨리 내라고 재촉하는 통에 이름 쓰는 걸 잊고 말았다.
• 전쟁 통에 부모를 잃은 두 형제는 서로를 의지하며 살아왔다. |

3. –(ㄴ/는)다고 하더니

의미와 용법 말하는 사람이 이미 들어서 알고 있는 사실을 언급하며 그와 관련되거나 반대되는 내용을 이끌어 낼 때 사용하는 표현이다.

형태 동사나 형용사, 명사 뒤에 붙여 쓴다.

동사	–ㄴ/는다고 하더니	받침 ○	–는다고 하더니	읽다	읽는다고 하더니
		받침 X	–ㄴ다고 하더니	배우다	배운다고 하더니
		ㄹ 받침		놀다	논다고 하더니
	–았/었다고 하더니	ㅏ, ㅗ 모음	–았다고 하더니	받다	받았다고 하더니
		ㅏ, ㅗ 이외 모음	–었다고 하더니	쉬다	쉬었다고 하더니
		하다	–했다고 하더니	말하다	말했다고 하더니
형용사	–다고 하더니	받침 ○, 받침 X, ㄹ 받침	–다고 하더니	많다	많다고 하더니
	–았/었다고 하더니	ㅏ, ㅗ 모음	–았다고 하더니	같다	같았다고 하더니
		ㅏ, ㅗ 이외 모음	–었다고 하더니	넓다	넓었다고 하더니
		하다	–했다고 치다	유명하다	유명했다고 하더니
명사	(이)라고 하더니	받침 ○	–이라고 하더니	선물	선물이라고 하더니
		받침 X	–라고 하더니	커피	커피라고 하더니
	이었/였다고 하더니	받침 ○	–이었다고 하더니	마음	마음이었다고 하더니
		받침 X	–였다고 하더니	친구	친구였다고 하더니

예문
- 가: 한국 사람들을 사귀어 보니까 어때요?
  나: 한국 사람들이 정이 많다고 하더니 정말 그런 것 같아요.
- 그 식당이 유명한 맛집이라고 하더니 정말 손님이 많았다.
- 원숭이도 나무에서 떨어진다고 하더니 꼼꼼한 지우 씨가 실수를 했다.

4. –았/었던

의미와 용법 이미 완료된 과거 상황을 회상할 때 사용하는 표현이다.

형태 동사나 형용사, 명사 뒤에 붙여 쓴다.

동사	ㅏ, ㅗ 모음	–았던	받다	받았던
	ㅏ, ㅗ 이외 모음	–었던	쉬다	쉬었던
	하다	–했던	말하다	말했던
형용사	ㅏ, ㅗ 모음	–았던	많다	많았던
	ㅏ, ㅗ 이외 모음	–었던	넓다	넓었던
	하다	–했던	유명하다	유명했던
명사	받침 ○	이었던	학생	학생이었던
	받침 X	였던	부자	부자였던

예문
- 가: 아까 만났던 분이 누구예요?
  나: 지난 학기 우리 선생님이에요.
- 지난번 문화 수업 때 같이 갔던 곳은 경복궁이에요.
- 아침까지 맑았던 하늘이 지금은 흐리다.

 1과 현대인의 여가 생활

듣기 지문

1    03 ~ 06

1) 여자: (따르릉) 소명 씨, 저 동아리 회장 김은영인데요. 이번 주 모임 때 바람도 쐴 겸 친목 도모도 할 겸 해서 야외에 나갔다 오려고 해요. 소명 씨도 갈 수 있죠?

　 남자: 네, 갈 수 있어요. 요즘 단풍이 많이 들어서 야외에 나가면 정말 좋을 것 같아요. 이번 기회에 선배님들하고도 많이 친해지면 좋겠어요.

2) 남자: 지우 씨, 휴가 잘 다녀왔어요? 저는 오랜만에 집에서 낮잠도 자고 텔레비전도 보면서 푹 쉬었는데 그동안 쌓인 피로가 다 회복된 것 같아요.

　 여자: 저는 친구들이랑 제주도에서 자전거 여행을 했어요. 자전거를 타다가 넘어지는 바람에 조금 다치기는 했지만 정말 즐거운 여행이었어요.

3) 여자: 어, 이 사진 사토 씨예요? 사토 씨가 수상 스키를 타는 줄 몰랐어요.

　 남자: 요즘 할 수 있는 여가 활동이 다양해졌잖아요. 저는 최근에 수상 스키를 시작했는데 꾸준히 하고 보니 건강도 좋아지고 스트레스도 풀려서 좋아요.

4) 남자: 안녕하세요? 요리 수업을 신청하러 왔는데요. 다음 달부터 수업을 들으려고 하는데 혹시 주말 오전에도 한식 수업이 있나요?

　 여자: 죄송하지만 9월 수업은 신청이 다 끝났습니다. 요리 수업은 인기가 많거든요. 여기에 연락처를 남겨 주시면 10월 일정이 나오는 대로 연락드리겠습니다.

2    07

여자: 서준 씨는 여가 시간이 있을 때 뭐 해요? 여가를 잘 활용하는 편이에요?

남자: 예전에는 취미 생활도 할 겸 사람들도 사귈 겸 해서 동호회에 자주 나갔는데 요즘은 취업 준비를 하느라고 바빠서 못 갈 때가 많아요. 특히 이번 학기는 인턴사원으로 일하게 되는 바람에 더 바빠졌거든요.

여자: 저도 학교 수업이 끝나는 대로 아르바이트를 하러 가니까 늘 시간이 없어요. 요즘은 다들 바빠서 여가 생활을 할 여유가 없는 것 같아요.

남자: 그래서 현대인들 중에는 여가 생활에 만족하지 못하는 사람이 많대요. 그런데 시간이 부족한 것도 문제지만 사실 여가 활동을 하면 돈을 많이 쓰게 돼서 부담스럽기도 해요. 매주 동호회에 나가고 보니 생각보다 돈이 많이 들었거든요.

여자: 맞아요. 경제적인 이유 때문에 여가 생활을 하기 힘든 사람도 많죠.

남자: 그래도 요즘 적은 돈으로도 쉽게 할 수 있는 여가 활동도 많으니까 잠깐이라도 시간을 내서 해 보면 좋을 것 같아요. 적당히 여가 생활을 하지 않으면 스트레스가 쌓여서 건강도 안 좋아지고 공부나 일도 잘 안되잖아요.

3    08

남자: 이 기사 보셨어요? 언제든 원하는 만큼 휴가를 낼 수 있는 회사가 있대요.

여자: 저도 뉴스에서 봤어요. 직원들이 여가 생활을 충분히 즐길 수 있도록 배려하는 거라고 해요. 그렇게 휴가를 자유롭게 쓸 수 있다면 얼마나 좋을까요?

남자: 맞아요. 재충전이 필요할 때나 자기 계발을 해야 할 때 정말 유용하겠어요.

여자: 저희 회사도 직원들을 위한 여가 활동 프로그램이 있는데요. 축구나 볼링 같은 스포츠 활동뿐만

아니라 다양한 문화 활동이나 봉사 활동에 참여할
수 있어요. 여가 비용은 대부분 회사에서 지원해
주고요.

남자: 그래요? 회사 생활에서 벗어나 기분 전환도 할 겸
평소에는 하지 못한 문화 생활도 할 겸 참여해 보
면 좋겠네요.

여자: 네. 저는 봉사 활동에 참여하고 있는데 몇 번 하고
보니까 여가 시간을 의미 있게 보낼 수 있어서 참
좋았어요. 최근에 갑자기 중요한 업무를 맡는 바람
에 자주 못 갔는데 이번 일이 끝나는 대로 다시 나
가려고요.

남자: 부럽네요. 그런 활동을 할 수 있다면 회사 생활이
훨씬 더 즐거울 것 같아요.

여자: 정말 그래요. 여가 생활을 하니까 일에 대한 스트
레스가 점점 적어지는 것 같아요. 즐거운 마음으로
회사에 다니니까 몸도 더 건강해지고요.

여자: 여러분, 안녕하십니까? 오늘 이 시간에는 한국인
의 여가 활동에 대해 이야기해 보려고 합니다. 과거
우리 조상들은 어떤 여가 활동을 즐겼을까요? 물론
현대인의 여가 활동과는 많이 달랐을 텐데요. 옛날
에는 마을 사람들이 다 같이 농사를 지으며 살았기
때문에 여가 활동도 함께하는 활동이 많았습니다.
농사일의 피로도 풀 겸 마을 사람들과 친목도 도모
할 겸 다 같이 할 수 있는 놀이를 즐긴 것이지요. 하
지만 남자와 여자의 여가 활동은 달랐습니다. 남자
들은 주로 서예나 씨름 등을 즐겼고 여자들은 바느
질이나 널뛰기 등을 하면서 여가를 보냈습니다. 그
렇다면 현대에는 어떻게 달라졌을까요? 오늘날에
는 교통수단과 통신 수단이 발달하면서 여가 활동
의 종류가 매우 다양해졌는데요. 현대인들은 여가
시간을 활용해 운동이나 여행을 하기도 하고 자기
계발이나 봉사 활동을 하기도 합니다. 옛날과 다른

점은 남녀의 여가 활동이 크게 다르지 않고, 함께
하는 활동보다는 혼자 하는 활동이 더 많다는 것인
데요. 휴대 전화나 컴퓨터 등을 이용해 여가를 즐기
는 것도 달라진 점이라고 할 수 있습니다.

1　1) ○　　2) X　　3) ○　　4) ○

2　**1**　②
　　2　①, ③

3　**1**　㉠ 언제든 원하는 만큼 휴가를 낼 수 있다.
　　　　㉡ 직원들이 여가 생활을 충분히 즐길 수
　　　　　　있도록 하기 위해서
　　2　④

4　**1**　③
　　2　교통수단과 통신 수단이 발달했기 때문에
　　3　㉠ 함께하는 활동이 많았다.
　　　　㉡ 남녀의 여가 활동이 크게 다르지 않다.
　　　　㉢ 휴대 전화나 컴퓨터 등을 이용해 여가를
　　　　　　즐긴다.

3　**1**　③
　　2　가족 여행도 할 겸 재충전도 할 겸 캠핑을
　　　　떠났다.

 2과 음식과 요리

 **1** 12 ~ 15

1) 여자: 어제 한국 친구를 따라 삼계탕을 먹으러 갔다 왔어요. 처음엔 이렇게 더운 날 왜 뜨거운 삼계탕을 먹는지 이해가 안 됐는데 먹고 보니 알겠어요. 힘이 나는 것 같아요.

   남자: 저도 이렇게 날씨가 더워서 기운도 없고 입맛도 없을 때는 삼계탕 같은 보양식을 먹고 나면 왠지 건강해지는 느낌을 받아요.

2) 남자: 와, 이게 삼겹살이군요. 한국에 놀러 간다고 하니까 한국에 가면 이 음식을 꼭 먹어 보라고 친구가 알려 줬어요. 그냥 이렇게 먹으면 되는 건가요?

   여자: 자, 제가 하는 걸 잘 보세요. 상추에다가 고기를 올리고 이렇게 쌈을 싸서 한입에 먹으면 돼요. 소금이나 소스에 찍어 먹어도 맛있지만 쌈장에 찍어서 먹으면 더 맛있어요.

3) 여자: 서양 사람들은 식사할 때 주로 포크를 사용하니까 젓가락질이 어렵다고 들었는데 다니엘 씨는 젓가락질을 잘하네요.

   남자: 아니에요. 저도 아직 어려운걸요. 지금도 반찬을 집을 때 음식을 자주 떨어뜨려요.

4) 남자: 이 음식 맛 좀 봐 줄래요? 오늘 저랑 같이 한국어를 배우는 반 친구들을 집에 초대했는데 제 고향 요리에 들어가는 향신료 때문에 입에 안 맞을까 봐 걱정이에요.

   여자: 음…. 걱정 안 해도 되겠는걸요. 조금 맵긴 하지만 정말 맛있어요.

 **2** 16

여자: 어제 제 한국 친구 집에서 김장을 한다고 해서 김치 담그는 방법도 배울 겸 친구도 도와줄 겸 해서 친구 집에 갔다 왔어요.

남자: 겨울부터 봄까지 먹을 김치를 한꺼번에 담그는 게 김장 맞죠? 한국 드라마에서 봤어요. 그런데 왜 그렇게 김치를 한꺼번에 많이 담그는 거예요?

여자: 예전에는 겨울에 채소 구하기가 힘들어서 겨울 먹거리를 미리 준비했대요. 채소를 그냥 두면 썩어서 오래 못 먹지만 김치처럼 발효를 시켜 놓으면 오래 두고 먹을 수 있다고 해요.

남자: 그러고 보니 한국은 김치뿐만 아니라 간장, 된장, 고추장, 젓갈 같은 발효 식품이 진짜 많은 것 같아요.

여자: 맞아요. 근데 소명 씨, 그거 알아요? 친구에게 들었는데 지역마다 김치 맛이 다르대요. 날씨가 따뜻한 남부 지방은 김치가 빨리 시어질까 봐 김치에다가 소금과 고춧가루를 많이 넣어서 짜고 맵대요. 하지만 날씨가 추운 북부 지방은 김치가 천천히 익기 때문에 고춧가루와 젓갈을 많이 넣을 필요가 없어서 김치 맛이 담백하다고 하네요.

남자: 저는 김치는 다 똑같은 맛인 줄 알았는데 앞으로는 어떻게 다른지 비교해 보면서 먹어 봐야겠네요.

 **3** 17

여자: 다니엘 씨의 SNS에는 한국 음식 사진이 특별히 많은 것 같아요. 진짜 한식을 사랑하나 봐요. 다니엘 씨가 생각하는 한식의 매력은 뭐예요?

남자: 저는 상에다가 밥과 반찬을 한꺼번에 차려 놓고 먹는 한상차림 문화가 좋아요. 게다가 그런 다양한 반찬이 무료라는 점도 좋고요. 우리 고향에서는 뭐든지 추가하면 돈을 받거든요.

여자: 얼마 전에 한국 친구하고 한정식 집에 갔다 왔는데요. 거기는 한상차림이 아니라 서양의 코스 요리처

럼 한 가지 음식을 먹고 나면 또 다른 음식이 나왔어
요. 한꺼번에 음식을 차려 놓으면 음식이 식어서 맛
이 없는 경우도 있는데 코스로 먹으니까 음식을 따
뜻하고 신선하게 즐길 수 있어서 좋았어요.

남자: 그래도 저는 반찬을 한꺼번에 차려 놓고 먹는 전통
방식이 더 좋은걸요. 코스는 음식이 나오는 대로 먹
어야 하지만 한상차림은 먹는 순서를 내 마음대로
정할 수 있으니까 더 편하고 좋잖아요.

여자: 그렇군요. 그런데 저는 여럿이 식사하면서 한 그
릇에 담긴 반찬을 같이 먹는 게 가끔 불편할 때도
있어요.

남자: 한국 사람들은 음식을 나눠 먹으면서 정이 생긴다
고 생각하는 것 같아요. 불편하면 앞접시를 달라고
해서 덜어서 먹으면 돼요.

4 

여자: 시청자 여러분, 안녕하세요. '오늘의 요리' 시간입
니다. 오늘은 한국인들이 생일에 꼭 먹는 음식인
미역국을 끓여 보도록 하겠습니다. 미역국은 끓이
기가 쉬워서 누구든지 쉽게 따라 할 수 있는 음식
인데요. 먼저 재료를 소개해 드리겠습니다. 미역
과 소고기, 마늘, 참기름, 국간장을 준비하고 요리
하기 전에 미역은 물에 불려 놓으세요. 미역을 물
에 불리고 나면 양이 많아지니까 양 조절을 잘 하셔
야 합니다. 저는 여기 미리 불려 놓았는데요. 불려
놓은 미역을 3cm 정도로 자릅니다. 소고기도 핏
물을 빼 주세요. 준비가 다 됐으면 냄비에 참기름
을 두르고 소고기와 마늘을 넣고 볶습니다. 자, 이
렇게 소고기가 익으면 여기에다가 미역과 국간장을
넣고 좀 더 볶은 후에 물을 붓습니다. 국물이 끓으
면 약한 불로 줄이고 20분 정도 끓여 주세요. 미역
국은 오래 끓이면 끓일수록 국물 맛이 더 좋아지니
까 시간이 있으면 더 끓이셔도 됩니다. 마지막으로
입맛에 맞게 소금으로 간을 하면 맛있는 미역국이

완성됩니다. 오늘은 소고기로 미역국을 끓여 봤는
데요. 소고기가 싫으신 분들은 해산물을 넣고 끓이
셔도 됩니다. 미역은 피를 맑게 해 줘서 아기를 낳
은 산모에게 좋고 또 다이어트 식품이어서 살이 찔
까 봐 걱정할 필요도 없습니다. 피로 회복에도 도
움이 된다고 하니까 한번 도전해 보시기 바랍니다.

듣기 모범 답안

1　1) X　　2) ○　　3) X　　4) X

2　**1** ③

　　2 ㉠ 담백하다　　㉡ 짜고 맵다

3　**1** ①

2

㉠ 먹는 순서를 내 마음대로 정할 수 있다.	㉡ 요리를 따뜻하고 신선하게 즐길 수 있다.
㉢ 식어서 맛이 없는 경우도 있다.	㉣ 음식이 나오는 대로 먹어야 한다.

4　**1** ①

　　2 피를 맑게 해 줘서

　　3 (㉣) → (㉡) → (㉠) → (㉢) → (㉤)

읽기 모범 답안

3　**1** 1) ○　　2) X　　3) ○　　4) X

　　2 다양성

3과 직장 생활

듣기 지문

1  21 ~ 24

1) 남자: 구인 공고를 살펴보니까 요즘 나이나 전공과 관계없이 지원 가능한 기업이 예전보다 많아진 것 같아요.

   여자: 지원자의 나이나 전공뿐만 아니라 학력도 보지 않는 기업도 점점 늘고 있대요. 이제는 학력보다 능력을 쌓아야 취업에 성공할 수 있는 것 같아요.

2) 남자: (카톡)(카톡) 또 업무 지시 메시지네요. 퇴근 후에 이런 메시지를 보내는 건 정말 너무하지 않나요?

   여자: 맞아요. 아무리 일이 급하더라도 업무 시간 외에는 일을 시키면 안 되죠.

3) 여자: 과장님, 제가 결재 서류를 잘못 드린 것 같습니다. 대리님께 드릴 서류를 과장님께 드렸습니다. 죄송합니다.

   남자: 괜찮아요, 지우 씨. 일하다 보면 실수할 수 있죠. 아직 신입사원이라서 그런 거니까 너무 신경 쓰지 말고 다음부터 조심하면 돼요.

4) 여자: 이번 공무원 시험 경쟁률이 150:1이래. 요즘 취업이 어려워서 작년보다 경쟁률이 더 높아졌다고 하네. 올해 또 떨어지면 어떡하지? 시험 보고 떨어질 바에야 그냥 포기해 버릴까?

   남자: 포기하면 안 되지. 그동안 열심히 공부했으니까 이번에는 꼭 합격할 수 있을 거야.

2 25

남자: 우리 회사도 내년부터 '대리님', '과장님' 같은 직위를 부르는 대신에 직위를 생략하고 영어 이름만 부르기로 했대요.

여자: 갑자기 왜 호칭을 바꾸기로 한 거래요? 제가 우리 부장님을 영어 이름으로만 부르면 어색할 것 같은데요. 회사에서 시킨 일이더라도 부장님도 기분 나빠하실 것 같고요.

남자: 직위보다는 능력을 강조하는 회사 문화를 보여 주기 위해서래요. 사실 나이나 직위 때문에 회의 시간에 의견 말하기도 어렵잖아요. 그런데 영어 이름을 부르다 보면 앞으로는 그런 분위기가 조금씩 나아질 것 같아요.

여자: 호칭 하나 바꾼다고 해서 수직적인 문화가 갑자기 수평적으로 바뀔까요?

남자: 물론 하루아침에 바뀌지는 않겠죠. 하지만 조금씩 달라질 거라고 생각해요. 우리 회사보다 먼저 호칭 문화를 바꾼 기업들의 조사 결과를 보니까 직원의 63%가 이런 달라진 호칭 문화에 대해 긍정적으로 평가하고 있다고 해요.

여자: 제 친구 회사는 호칭 문화를 바꾸었다가 얼마 전부터 다시 직위를 부르고 있는걸요. 제 생각에는 호칭 문화를 바꿀 바에야 일방적인 업무 지시 방식을 바꾸는 게 훨씬 더 좋을 것 같아요.

3  26

남자: 오늘은 요즘 대학생들이 가장 가고 싶어 하는 회사인 H자동차 인사 팀장님을 모시고 기업에서 뽑고 싶어 하는 인재에 대해 알아보도록 하겠습니다. 팀장님, 안녕하세요. 최근 기업에서 뽑고 싶어 하는 인재에 변화가 있다고 들었는데, 어떤 변화가 생겼나요?

여자: 과거에는 어떤 일을 하더라도 자신감을 갖고 도전하는 사람이나 전문성이 뛰어난 사람을 선호하는

기업들이 많았습니다. 하지만 최근에는 직장 동료들과 잘 지낼 수 있는 능력을 중시하는 기업들이 늘고 있습니다.

남자: 그래요? 시대가 변하면서 기업이 바라는 인재상도 달라지나 보네요.

여자: 네. 특히 요즘에는 젊은 직원들과 나이가 많은 직원들 사이에 소통이 부족하여 갈등이 일어나는 경우가 많아지고 있습니다. 그래서 직원을 뽑을 때 소통과 협력을 중요하게 생각하는 기업들이 늘고 있는 것 같습니다.

남자: 일하다가 보면 서로 의견이 맞지 않을 때가 있을 텐데 서로 대화가 통하지 않으면 정말 힘들 것 같다는 생각이 드네요. 소통이 잘 이루어져야 회사 생활도 즐겁고 회사도 발전할 수 있겠지요. 오늘 말씀 감사합니다.

4 

남자: 오늘 저는 지난 35년을 함께해 온 정든 회사를 떠납니다. 입사해서 정년퇴직을 할 때까지 한 직장에서 계속 근무한다는 평생직장. 요즘 이 평생직장이라는 말이 점점 사라져 가고 있는데요. 저는 이렇게 한 회사에서 정년까지 일할 수 있게 되어 정말 행복합니다. 사랑하는 임직원 여러분! 여러분들은 혹시 이직을 생각해 본 적이 있으십니까? 회사를 다니다가 보면 누구나 한 번쯤은 이직을 생각해 봤을 거라고 생각합니다. 매일 이렇게 힘들게 일할 바에야 회사를 옮기는 게 낫겠다고 생각하는 직장인들이 많겠죠. 한 조사 결과를 보니 직장인의 85%가 이직을 준비하거나 기회가 있다면 회사를 옮기겠다고 답했다고 합니다. 이직을 생각한 이유로는 '근무 조건이 나빠서'가 1위, '일이 적성에 맞지 않아서'와 '연봉이 낮아서'가 각각 2위와 3위를 차지했다고 하네요. 그런데 저는 한 번도 우리 회사를 떠날 생각을 해 본 적이 없습니다. 우리 회사의 꿈과 저의 꿈

이 같았기 때문인데요. 여러분의 꿈과 회사의 꿈이 같아야 모두가 행복하게 일하고 회사도 발전할 수 있는 것입니다. 처음 입사했을 때 우리 회사는 국내의 이름 없는 기업이었지만 이제는 세계적인 기업으로 성장하게 되었고 저는 회사의 발전을 함께 이루어 왔습니다. 퇴직하더라도 이곳은 저의 평생직장으로 남을 것입니다. 제 마지막 출근을 여러분들과 함께할 수 있어서 행복합니다. 고맙습니다.

듣기 모범 답안

1　　1) X　　　2) X　　　3) ○　　　4) X

2　**1** ③

　2 직위보다는 능력을 강조하는 회사 문화를 보여 주기 위해서

3　**1** ④

　2 회사 생활도 즐겁고 회사도 발전할 수 있다.

4　**1** 입사해서 정년퇴직을 할 때까지 한 직장에서 계속 근무하는 것

　2 ㉠ 근무 조건이 나빠서

　　 ㉡ 연봉이 낮아서

　3 회사의 꿈과 이 사람의 꿈이 같았기 때문이다.

읽기 모범 답안

3　**1** 1) X　　2) ○　　3) X　　4) X

　2 신입 사원이 회사 생활에 적응할 수 있도록 책임을 지고 교육하거나 조언을 해 준다.

듣기 지문 

1

1) 여자: 어제 고향 친구랑 서울타워에 잘 다녀왔어요?
   남자: 네. 친구 덕분에 저도 남산에 처음 가 봤는데 야경이 아름답기로는 서울타워가 제일인 것 같아요. 다음에는 여자 친구랑 가고 싶어요.

2) 남자: 여행 오기 전에는 비가 오면 어쩌나 걱정했는데 비도 안 오고 날씨가 선선해서 정말 다행이다.
   여자: 맞아. 오랜만에 여행을 왔으니까 여행 온 김에 맛있는 것도 많이 먹고 여기 저기 둘러보면서 사진도 많이 찍자.

3) 여자: 인사동에 옛날 그림 전시회가 열리고 있는데 한번 가 볼래요?
   남자: 전에도 여러 번 이야기하던 김홍도 그림 전시회죠? 꼭 보고 싶었는데 오늘 수업 끝나고 같이 가요.

4) 남자: 홍대 앞은 소극장이나 클럽이 많아서 대학생들이 많이 간다고 들었어요.
   여자: 네. 아마 대학생치고 홍대 앞에 안 가 본 사람이 없을 거예요. 저도 친구들과 가끔 가서 쇼핑도 하고 공연을 보기도 해요.

2 

여자: 경주는 야외 박물관이라고 할 만큼 도시 전체에 신라 시대의 전통 문화가 많이 남아 있는 도시입니다. 앞으로 저와 함께 이틀 동안 신라의 수도, 경주를 돌아보면서 신라의 전통 문화를 즐겨 보시기 바랍니다.
남자: 경주는 볼거리가 많다고 들었는데, 우리가 첫 번째 가는 곳은 어디예요?
여자: 잠시 후에 불국사에 도착합니다. 신라 시대의 불교 문화를 가장 잘 보여 주기로는 불국사를 따를 곳이 없습니다.
남자: 불국사는 유네스코 세계문화유산이죠? 불국사 안의 석가탑과 다보탑도 유명하고요.
여자: 네. 불국사는 석가탑, 다보탑 등이 있는 신라 불교 예술의 귀중한 유적지입니다. 점심을 드신 후에는 불국사에 온 김에 토함산에 올라가서 석굴암을 구경하도록 하겠습니다.
남자: 고등학교 때 수학여행 온 것처럼 마음이 설레는데요. 빨리 가 보고 싶어요.

3 

남자: 그동안 한류 문화 콘텐츠라면 케이 팝, 드라마, 영화만 생각했는데 이제 한국 음식도 한류 문화 콘텐츠 중의 하나로 관심을 받고 있다네요.
여자: 그럼요. 한국 음식이 세계화된 것은 벌써 몇 년 전부터예요. 특히 케이 팝이 많이 알려지기 전부터 전주비빔밥은 항공기의 기내 음식으로 인기를 얻었고요.
남자: 음식이 맛있기로는 전주를 따를 도시가 없다고 들었는데 앞으로 전주가 한식을 세계화하는 데에도 큰 역할을 하게 될 것 같아요.
여자: 네. 그래서 전주가 '음식창의도시'로 지정됐다고 해요. 음식창의도시는 전통의 입맛을 지키면서 새로운 맛의 음식을 계속해서 개발하는 곳이라는 의미가 있는데요, 한국에서는 최초이고 세계에서는 네 번째로 지정되었다고 해요.
남자: 전주는 한옥마을로 유명해서 한 번 가 본 적이 있는데 이제 음식과 함께 세계인들에게 더욱 유명해지겠어요.
여자: 말이 나온 김에 오늘 점심 메뉴는 전주비빔밥 어때요? 전주에 가서 먹는 건 아니지만 학교 앞에 전주

비빔밥으로 유명한 식당을 제가 잘 알거든요.

④ 🎧 36

남자: 최근 한국 관광객은 물론 외국인 관광객들을 유치하기 위한 지방 자치 단체의 노력이 보도되고 있습니다. 지방 자치 단체치고 관광객 유치에 노력을 기울이지 않는 곳은 없을 텐데요, 오늘은 경기도 관광공사를 찾아가 올해 관광 사업 계획을 들어 보겠습니다. 사장님, 안녕하세요. 경기도는 서울 다음으로 많은 관광객들이 다녀가는 곳인데, 앞으로 관광객 유치를 위한 어떤 특별한 계획을 갖고 계시는지요?

여자: 네, 안녕하세요. 우리 경기도는 크게 세 가지 주제로 관광 사업을 계획하고 있습니다. 첫째, 경기도는 천 년의 역사를 가진 곳입니다. 유네스코 세계문화유산인 수원 화성, 남한산성, 조선 왕릉 등 살아 있는 역사 여행지가 경기도에 있습니다. 둘째, 경기도는 세계 평화를 기원하고 있는 곳입니다. 남북 분단을 상징하던 디엠지(DMZ) 주변은 더 이상 분단의 현장이 아닙니다. 파주와 김포 등에 있는 평화누리공원과 평화누리길은 평화를 상징하는 관광지로 변화하고 있습니다. 셋째, 경기도는 새로운 미래를 지향하고 있는 곳입니다. 각종 국제 회의와 행사가 열리는 명소, 한류 드라마와 영화 촬영지 등이 경기도 곳곳에 위치하고 있습니다. 경기관광공사에서는 앞으로 경기도 관광 사업을 더욱 발전시키기 위한 방안으로, 매력적인 경기도, 가고 싶은 경기도, 가기 쉬운 경기도가 되도록 준비하겠습니다.

177

듣기 모범 답안

1   1) X   2) X   3) ○   4) ○

2   **1** ④

     2 ①

3   **1** ③

     2 전통의 입맛을 지키면서 새로운 맛의 음식을 계속 개발하는 곳

4   **1** ④

     2 ㉠ 경기도는 천 년의 역사를 가진 곳이다.

       ㉡ 경기도는 세계 평화를 기원하는 곳이다.

       ㉢ 경기도는 새로운 미래를 지향하는 곳이다.

     3 ㉠ 매력적인 경기도

       ㉡ 가고 싶은 경기도

       ㉢ 가기 쉬운 경기도

읽기 모범 답안

3   **1** 1) X   2) ○   3) ○   4) X

     2 다양한 문화 콘텐츠가 있어서 볼거리, 즐길거리가 많기 때문이다.

듣기 지문

1  39 ~ 42

1) 남자: 너는 고등학교 친구들하고 자주 연락해? 나는 대학교 입학하니까 옛날만큼 자주 못 만나게 되는 것 같아. 그래서 그런지 관계도 점점 멀어지는 것 같고.

   여자: 자주 안 만나면 멀어지기 마련이지. 그래서 나는 아무리 바빠도 한 달에 한 번은 꼭 만나려고 노력해. 그래야 친구 관계를 유지할 수 있는 것 같아.

2) 여자: 요즘 직장 동료 때문에 너무 속상해요. 회의 때 서로 의견이 달라서 좀 다퉜는데 그 후로 저를 봐도 못 본 척하고 제가 말을 걸어도 못 들은 척해요.

   남자: 날마다 회사에서 얼굴을 봐야 될 텐데 불편하겠네요. 오해가 있을 수도 있으니까 한번 잘 이야기해 보세요. 앞으로 같이 일하려면 빨리 화해해야죠.

3) 여자: 부모님하고 이야기하다 보면 가끔 세대 차이를 느낄 때가 있잖아. 서로의 생각이 다르니까 답답할 때가 많은데 좋은 해결 방법이 없을까?

   남자: 여가 생활을 한다고 치고 부모님하고 같이 시간을 보내면 어때? 자주 시간을 보내면서 대화를 나누다가 보면 서로 더 잘 이해하게 될 것 같은데.

4) 남자: 저는 친한 후배가 한 명 있는데 저한테 부탁을 너무 많이 해서 좀 힘들어요. 그래도 후배가 서운해할까 봐 그동안 많이 도와줬는데 처음에는 고마워하더니 이제는 너무 당연하게 생각하는 것 같아요.

   여자: 친하면 부탁을 거절하기가 어렵죠. 그래도 많이 힘들면 거절하는 게 좋을 것 같아요. 도와주면서 스트레스를 받으면 오히려 관계가 더 나빠지잖아요.

2  43

여자: 뉴스를 보니까 친구가 많은 사람이 그렇지 않은 사람보다 더 오래 산대요.

남자: 인간관계가 좋으면 행복감을 많이 느끼게 되니까 건강도 좋기 마련이겠죠.

여자: 근데 친구가 많다고 해서 다 좋은 건 아닌 것 같아요. 인간관계가 넓을수록 신경 써야 할 일도 많이 생기잖아요. 전에 인맥을 넓히려고 여러 가지 동호회 활동을 한 적이 있었는데 그때 좀 힘들었어요.

남자: 제 친구도 이런저런 모임에 많이 나가더니 요즘은 한 가지 모임만 나가요. 만나면 다들 친한 척하지만 진심을 나누는 사람은 별로 없대요.

여자: 그렇죠. 그래서 요즘 젊은 사람들 중에는 혼자 있는 걸 더 좋아하는 사람이 많대요. 인간관계를 맺더라도 진심을 나누기가 어려운 데다가 다른 사람을 배려하다가 보면 하고 싶지 않은 일을 해야 할 때도 많으니까요.

남자: 그렇게 생각하면 혼자 있는 게 편하겠지만 힘들 때 믿고 의지할 수 있는 친구가 없으면 너무 외롭지 않을까요? 슬플 때 위로해 주고 고민이 있을 때 조언해 줄 수 있는 친구가 있다면 얼마나 큰 힘이 되겠어요.

3  44

남자: 요즘 페이스북이나 인스타그램 같은 SNS를 통해서 인간관계를 맺는 사람들이 많습니다. SNS가 생기기 전에는 친한 사람들을 중심으로 인간관계를 맺었지만 이제는 SNS 덕분에 훨씬 더 다양한 사람들을 사귈 수 있게 되었습니다.

여자: 물론 SNS를 통해 인간관계가 넓어진 것은 사실입니다. 그런데 SNS에서 알고 지내는 사람이 100명이라고 치면 그중 진짜 친구는 몇 명이나 될까요? SNS에서는 서로 관심이 많은 척하지만 실제로는 무관심한 경우가 대부분일 겁니다. 그런 점에서 SNS는 인간관계를 맺는 데에 별로 도움이 되지 않는다고 생각합니다.

남자: 제 생각은 조금 다른데요. 현대인들은 누구나 바쁘게 살아갑니다. 바쁘게 생활하다가 보면 새로운 관계를 맺기가 쉽지 않죠. 그런데 SNS를 이용하면 언제, 어디서든 쉽고 빠르게 친구를 사귈 수 있습니다. 현대인들에게 SNS는 인간관계를 맺는 가장 효과적인 방법인 것이죠.

여자: 그렇게 쉽게 사귄 사람들하고는 관계를 오래 유지할 수 없죠. 쉽게 만들어진 관계는 쉽게 끊어지기 마련이니까요. 조금만 생각이 달라도 큰 고민 없이 관계를 끊는 경우가 많을 텐데, 이런 관계를 친구라고 할 수 있을까요?

4

남자: 시청자 여러분, 안녕하십니까? 오늘은 성공적인 인간관계에 대한 이야기를 나눠 보려고 합니다. 보통 인간관계를 '성공의 열쇠' 혹은 '행복의 열쇠'라고들 하는데요. 여러분은 이렇게 중요한 인간관계를 얼마나 잘해 나가고 계십니까? 인간관계를 잘 유지하려면 무엇보다 다른 사람들과의 소통이 중요할 텐데요. 오늘은 성공적인 인간관계를 위한 소통의 기술 세 가지를 말씀드리겠습니다. 첫째는 상대방의 말에 귀를 기울이는 것입니다. 그냥 듣는 척하는 것이 아니라 관심을 갖고 경청을 하는 것이죠. 사람은 누구나 자신의 말을 잘 들어 주는 사람에게 마음을 열기 마련이니까요. 둘째는 상대방에 대한 긍정적인 마음을 잃지 않는 것입니다. 상대방을 비판하는 대신 상대방의 좋은 점이나 상대방이 잘한 점을 칭

찬해 준다면 상대방의 마음을 쉽게 얻을 수 있을 겁니다. 셋째는 상대방의 감정이나 생각에 공감하는 것입니다. 자신이 상대방과 같은 경험을 했다고 치고 상대방의 입장에서 그 사람이 어떤 감정을 느낄지, 어떤 생각을 할지 이해하는 것이죠. 이 세 가지 방법을 잘 실천한다면 여러분은 성공적인 인간관계, 성공적인 인생을 만들어 갈 수 있을 것입니다.

듣기 모범 답안

1 1) ○   2) X   3) ○   4) X

2 **1** 인간관계를 맺더라도 진심을 나누기가 어려운 데다가 다른 사람을 배려하다가 보면 하고 싶지 않은 일을 해야 할 때도 많기 때문에

  2 ②

3 **1** ①

  2 ④

4 **1** 성공의 열쇠, 행복의 열쇠

  2 ㉠ 상대방의 말에 귀를 기울인다.

  ㉡ 상대방의 감정이나 생각에 공감한다.

읽기 모범 답안

3 **1** ②

  2 ㉠ 새로운 나라에 여행을 간다고 치고 즐거운 마음으로 상대방을 대하는 것이 좋다.

  ㉡ 용기를 내서 상대방에게 먼저 다가가야 한다.

6과 재미있는 한국어

 듣기 지문

1 

1) 여자: 다니엘 씨가 시험을 잘 봤다고 하더니 아니었나 봐요. 이번에도 미역국을 먹었대요.
   남자: 그럼 시험에 또 떨어진 거예요? 기대를 많이 하고 있었는데 실망이 크겠네요.

2) 여자: 서준 씨, 피곤해 보이네요. 잠을 잘 못 잤어요?
   남자: 네. 어젯밤에 룸메이트가 드르렁드르렁 코를 심하게 고는 통에 잠을 설쳐서 그래요.

3) 여자: 서준 씨는 학교 다닐 때 귀에 못이 박히도록 들었던 말이 뭐예요?
   남자: 학생이라면 대부분 열심히 공부하라는 말이었겠지만 저는 쉬엄쉬엄 공부하라는 말을 제일 많이 들었던 것 같아요.

4) 남자: 지우 씨가 남자 친구하고 헤어지고 한동안 우울해하더니 요즘 다시 밝아졌던데요.
   여자: 시간이 약이라고 하잖아요. 시간이 해결해 줄 때도 있어요.

2  

남자: 제가 친구에게 한국어의 의성어와 의태어가 어렵다고 말하니까 친구가 한국 만화를 추천해 주었어요.
여자: 외국인한테는 의성어와 의태어가 어렵다고 하더니 한국말을 잘하는 다니엘 씨도 어려운가 보네요. 그래도 의성어하고 의태어를 넣어서 말하면 같은 말이라도 더 재미있게 표현할 수 있으니까 배워 두면 좋을 거예요. 근데 만화로 보니까 도움이 돼요?
남자: 네. 의성어는 소리를 표현하는 거라서 그래도 좀 괜찮았는데 의태어는 모양을 표현하는 말이라서 의미

를 추측하기가 진짜 어려웠어요. 그런데 만화는 그림으로 표현해 주니까 어려웠던 단어도 훨씬 이해가 잘되던데요. 재미있기도 하고요.
여자: 그럼, 지금 공부와 재미, 두 마리 토끼를 다 잡고 있는 거네요.
남자: 두 마리 토끼를 잡는다는 건 속담이죠? 오늘 당장 속담도 공부해야겠어요.
여자: 천천히 하세요. 토끼 두 마리를 잡으려다가 하나도 못 잡는다는 속담도 있어요. 욕심을 부려서 한꺼번에 여러 가지 일을 하면 하나도 이루지 못한다는 말이에요.

3  

남자: 오늘 수업 시간에 배웠던 속담인데, "가는 말이 고와야 오는 말이 곱다."라는 속담 지우 씨도 알지요?
여자: 자기가 상대에게 좋게 말해야 상대방도 나에게 좋게 말한다는 뜻이잖아요.
남자: 한국인치고 이 속담을 모르는 사람이 없다고 하더니 정말이네요. 한국인들은 생활하면서 속담을 많이 쓰나 봐요. 저도 한국 사람하고 이야기할 때 수업에서 배운 속담을 사용해 봐야겠어요.
여자: 그럼 좋지요. 속담을 사용하면 길게 설명해야 할 것도 짧고 재미있게 표현할 수 있거든요. 상대방을 설득할 때도 내가 하고 싶은 이야기를 분명하게 전달할 수도 있고요.
남자: 맞아요. 그리고 저는 속담을 배우고 나니까 한국인들이 뭘 중요하게 생각하면서 생활하는지도 알 수 있어서 좋던데요.
여자: 근데 시대가 변하면 삶의 방식이나 가치관도 달라져서 오늘날의 사고방식하고는 맞지 않는 속담도 있어요.

4  54

여자: 누구나 살면서 한 번쯤은 해 보지 못한 일이나 하지 않은 일에 대해 후회했던 경험이 있을 거예요. 오늘은 일이 이미 잘못된 뒤에는 후회하더라도 소용이 없다는 뜻의 "소 잃고 외양간 고친다."라는 속담에 대해 알아보도록 할까요? 옛날에 한 게으른 농부가 살고 있었어요. 농부의 집 외양간에는 커다란 소 한 마리가 있었는데 가난한 농부에게 이 소는 아주 소중한 재산이었지요. 하지만 농부는 매일 먹이를 주고 돌보는 일이 귀찮았어요. 그래서 아내가 농부에게 소 먹이를 주라고 하면 농부는 못 들은 척했어요. 또 심하게 망가진 외양간을 봤지만 일하기가 귀찮았던 게으른 농부는 '내일 고치지 뭐.' 하는 생각으로 계속 수리를 미루었어요. 그날 밤, 폭우와 함께 바람이 심하게 부는 통에 결국 외양간 문이 열려서 소는 도망가 버렸어요. 다음 날 늦은 아침에 먹이를 주러 간 부부는 소가 도망간 것을 알고 소를 찾으러 돌아다녔지만 찾을 수 없었어요. 농부는 미리 외양간을 고쳐 놓지 않은 걸 후회하면서 뒤늦게 외양간을 고치기 시작했어요. 지나가던 이웃들이 그 모습을 보고 이제 와서 고치는 게 무슨 소용이 있냐고 하면서 비웃었지요. 이처럼 "소 잃고 외양간 고친다."는 속담은 우리에게 게으른 행동이나 잘못된 선택으로 나중에 후회할 일을 하지 말라는 교훈을 준답니다.

듣기 모범 답안

1 1) X 2) ○ 3) X 4) ○

2 **1** ①

  2 ㉠ 이해가 잘된다.

  ㉡ 재미있다.

3 **1** ②

  2 자기가 상대에게 좋게 말해야 상대방도 나에게 좋게 말한다.

4 **1** ③

  2 일하기가 귀찮아서

  3 게으른 행동이나 잘못된 선택으로 나중에 후회할 일을 하지 말라.

읽기 모범 답안

3 **1** ④

  2 ④

어휘 색인

집필

이영숙
(현) 한양대학교 국제교육원 교수, 문학 박사
(공저) 법무부 사회통합프로그램 한국어와 한국문화 1, 2, 3, 4
　　　〈한양 한국어 1〉

조자현
(현) 한양대학교 국제교육원 교수, 문학 박사
(공저) 〈한양 한국어 3〉

우주희
(현) 한양대학교 국제교육원 교육전담교수
(공저) 〈(구)한양 한국어 5〉

김진만
(현) 한양대학교 국제교육원 강사
(논) 한국어능력시험 II(TOPIK II) 듣기 영역 음성 자료의 진정성 연구

한양 한국어 4-1

초판 1쇄 발행　2021년 5월 31일
　　3쇄 발행　2025년 9월 12일

지은이　　한양대학교 국제교육원
펴낸이　　박영호
기획팀　　송인성, 김선명, 김선호
편집팀　　박우진, 김영주, 김정아, 최미라, 전혜련, 박미나
관리팀　　임선희, 정철호, 김성언, 권주련
펴낸곳　　(주)도서출판 하우

주소　　　서울시 중랑구 망우로68길 48
전화　　　(02)922-7090
팩스　　　(02)922-7092
홈페이지　http://www.hawoo.co.kr
e-mail　　hawoo@hawoo.co.kr
등록번호　제2016-000017호

값 17,000원
ISBN 979-11-6748-001-9 14710
ISBN 979-11-6748-000-2 (set)

KOMCA 승인필

＊이 책의 저자와 (주)도서출판 하우는 모든 자료의 출처 및 저작권을 확인하고 정상적인 절차를 밟아 사용하였습니다.
　일부 누락된 부분이 있을 경우에는 이후 확인 과정을 거쳐 반영하겠습니다.

＊이 책은 저작권법에 따라 보호받는 저작물이므로 무단 전재와 무단 복제를 금지하며,
　이 책 내용의 전부 또는 일부를 이용하려면 반드시 저작권자와 (주)도서출판 하우의 서면 동의를 받아야 합니다.